ルクセンブルク語分類単語集

田原憲和著

大学書林

まえがき

　ルクセンブルク語は，フランス語，ドイツ語とともにルクセンブルク大公国の公用語となっています。元来，ルクセンブルク語はドイツ語方言とみなされてきました。ルクセンブルク語が名実ともに「方言」ではなく「言語」として認められたのは 1984 年のことで，かなり新しい言語だと言えるでしょう。この 1984 年には，いわゆる「言語法」が施行されたのです。これにより，ルクセンブルク語はルクセンブルク大公国の公用語の 1 つ，そして唯一の国語となったのです。

　さて，ルクセンブルク語は元来ドイツ語の方言だったことからもわかるように，両言語は非常に似通っています。しかし，フランス語圏とドイツ語圏の境界に位置するルクセンブルクは，フランスからも多大な影響を受けています。そのため，ルクセンブルク語にはフランス語からの外来語や，フランス語に影響を受けた語がたくさんあります。本書に掲載されている単語には，ドイツ語やフランス語にそっくりのものも多く含まれています。

　本書は，日常的な場面や状況別に，基礎的な語彙を中心に掲載しています。2017 年現在，ルクセンブルクには 600 人を超える在留邦人がいます。その他，観光や出張など，ルクセンブルクに短期滞在する人も増加しています。本書を手に取られた皆様も是非，本書を片手にルクセンブルクを訪れて下さい。本書が，ルクセンブルク人と読者の皆様をつなぐ架け橋になることができましたら幸いです。

2018 年 2 月

著　者

目　次

1.	数字 ………………………………………	1
2.	序数 ………………………………………	2
3.	接続詞 ……………………………………	3
4.	前置詞 ……………………………………	3
5.	疑問詞 ……………………………………	5
6.	助動詞 ……………………………………	5
7.	月 …………………………………………	5
8.	季節 ………………………………………	6
9.	曜日・週 …………………………………	6
10.	時 …………………………………………	7
11.	国・言語・民族 …………………………	8
12.	量・単位 …………………………………	12
13.	方位・方角 ………………………………	12
14.	色 …………………………………………	13
15.	評価 ………………………………………	14
16.	基本形容詞，副詞 ………………………	15
17.	動作 ………………………………………	17
18.	状態・状況 ………………………………	21
19.	思考・感情 ………………………………	24
20.	あいさつ，応答 …………………………	27
21.	家族・友人 ………………………………	29
22.	人物 ………………………………………	32
23.	宗教 ………………………………………	34
24.	身体 ………………………………………	36
25.	健康 ………………………………………	38
26.	衣類・身につけるもの …………………	41
27.	住まい・部屋 ……………………………	45
28.	家事・日課 ………………………………	50
29.	食生活 ……………………………………	53
30.	報道・メディア …………………………	61

iii　　　　　　　　目　次

31. 伝統・行事 ……………………… 62
32. 教育・学問 ……………………… 63
33. 仕事 ……………………………… 70
34. 飲食店 …………………………… 76
35. スーパー，買い物 ……………… 78
36. 街・交通 ………………………… 80
37. 美容院 …………………………… 87
38. 文化・芸術 ……………………… 89
39. スポーツ ………………………… 93
40. IT ………………………………… 97
41. 読書・趣味 ……………………… 99
42. 旅行 ……………………………… 100
43. 天気・気候 ……………………… 103
44. 地理・自然 ……………………… 105
45. 動物・植物 ……………………… 107
46. 経済 ……………………………… 112
47. 政治・社会 ……………………… 114
48. 世界情勢 ………………………… 119
不規則動詞一覧表 ………………… 122
索引 ………………………………… 141

凡例

| 男 | 男性名詞 | | 女 | 女性名詞 | | 中 | 中性名詞 |

| 複 | 複数名詞 | | 動 | 動詞 | | 形 | 形容詞 | | 副 | 副詞 |

| 比 | 形容詞・副詞の比較級 | | 最 | 形容詞・副詞の最上級 |

☆　不規則動詞一覧表に掲載している動詞

| 関連 | 関連する単語，表現 | | 同 | 同義語 |

（複数形について）

頭	de Kapp 男	*d'Käpp*
あご	de Kënn 男	–
鼻	d'Nues 女	*–en*

複数の語尾。–（単複同型），–er，–en，以外の形は複数形そのものを掲載。なお，複数形の冠詞は全て d' となる

1. 数字

0	null
1	eent
2	zwee
3	dräi
4	véier
5	fënnef
6	sechs
7	siwen
8	aacht
9	néng
10	zéng
11	eelef
12	zwielef
13	dräizéng
14	véierzéng
15	foffzéng
16	siechzéng
17	siwwenzéng
18	uechtzéng
19	nonzéng
20	zwanzeg
21	eenanzwanzeg
22	zweeanzwangzeg
30	drësseg
40	véierzeg
50	foffzeg
60	siechzeg

2. 序数

70	siwwenzeg
80	achtzeg
90	nonzeg
100	honnert
695	sechshonnertfënnefannonzeg

2. 序数

1	éischt
2	zweet
3	drëtt
4	véiert
5	fënneft
6	sechst
7	siwent
8	aacht
9	néngt
10	zéngt
11	eeleft
12	zwieleft
13	dräizéngt
14	véierzéngt
15	foffzéngt
16	siechzéngt
17	siwwenzéngt
18	uechtzéngt
19	nonzéngt
20	zwanzegt
21	eenanzwanzegst

22	zweeanzwangzegst
30	drëssegst
40	véierzegst

3. 接続詞

～と	an
ところが	awer
～ということ	datt
～するために	fir datt
しかし	mä
～の後で	nodeems
～かどうか	ob
もしくは	oder
～あるので	wéi
なぜなら	well
～であるにも関わらず	
	obschonns
～にも関わらず	obwuel
もし～ならば，～の時	
	wann
...か，...か	entweder ... oder ...

4. 前置詞

～の中	an
～から	aus
～の内部	bannen/bannent

4. 前置詞

〜の外部	baussen/baussent
〜のもとに	bei
〜まで	bis
〜のおかげで	dank
〜を通って	duerch
〜時に，〜の周り	ëm
〜の下	ënner/ënnert
〜のために	fir
〜に対して	géint
〜と向かい合って	géintiwwer
〜の後ろ	hanner/hannert
〜の上方	iwwer/iwwert
〜とともに	mat
〜のそば	niewent
〜へ，〜の後で	no
〜の上	op
〜なしで	ouni
〜の間	tëschen/tëschent
〜にも関わらず	trotz
〜の際	un
〜の前	virun/vrun
〜の，〜から	vun
〜の間に(期間)	während
〜と反対側	widder/widdert
〜以来	zanter/zënter
〜へ，〜で	zu/ze

5. 疑問詞

なぜ	firwat
どのように	wéi
いつ	wéini
なぜ	wéiso
どれだけの(数)	wéivill
誰に	wiem
誰が, 誰を	wien
どこに	wou
どこへ	wouhin
どこから	wouhir

6. 助動詞

～してもよい	☆däerfen
～できる	☆kënnen
～ねばならない	☆mussen
～すべきである	☆sollen
～するつもりだ	☆wëllen
～させる(使役)	☆loossen

7. 月

(1年の)月	de Mount 男	*d'Méint*
1月	de Januar 男	
2月	de Februar 男	

8. 季節　　　　　　　　　　6

3 月	de Mäerz 男
4 月	den Abrëll 男
5 月	de Mee 男
6 月	de Juni 男
7 月	de Juli 男
8 月	den August 男
9 月	de September 男
10 月	den Oktober 男
11 月	den November 男
12 月	den Dezember 男

8. 季節

季節	d'Saison 女
春	d'Fréijoer 中
夏	de Summer 男
秋	den Hierscht 男
冬	de Wanter 男

9. 曜日・週

週	d'Woch 女
	関連 dës Woch 今週　d'lescht Woch 先週
	d'nächst Woch 来週
週末	de Weekend 男 *–er*
平日	de Wochendag 男　　*d'Wochendeeg*
月曜日	de Méindeg 男 *–er*
火曜日	den Dënschdeg 男 *–er*

水曜日	de Mëttwoch 男 –er
木曜日	den Donneschdeg 男 –er
金曜日	de Freideg 男 –er
土曜日	de Samschdeg 男 –er
日曜日	de Sonndeg 男 –er
毎週月曜日に	méindes 副
毎週火曜日に	dënschdes 副
毎週水曜日に	mëttwochs 副
毎週木曜日に	donneschdes 副
毎週金曜日に	freides 副
毎週土曜日に	samschdes 副
毎週日曜日に	sonndes 副
毎日の	deeglech 副
何年間もの	jorelaang 副
毎週の	wiertes 副

10. 時

～時(時刻)，時計	d'Auer 女 –en
日，昼	den Dag 男 *d'Deeg*
関連 all Dag 毎日	
昼の間ずっと	daagsiwwer 副
当時	deemools 副
今	elo 副
昨日	gëster 副
今日	haut 副
今晩	hënt 副
あさって	iwwermuer 副
年	d'Joer 中 *d'Joren*

11. 国・言語・民族　　　8

世紀	d'Joerhonnert 中 –en
年末	d'Joresenn 中
明日	mar 副 同 muer

関連 muer de Muerge fréi 明朝

正午，昼	de Mëtteg 男 –er
深夜	d'Mëtternuecht 女
	同 d'Hallefnuecht 女
分	d'Minutt 女 –en
毎朝	mueres 副 同 moies
最近	neierdéngs 副
午後	den Nomëtteg 男 –er
午後に	nomëttes 副
夜	d'Nuecht 女 –en
夕方	den Owend 男 d'Owenter
時間通りに	pénktlech 副
秒	d'Sekonn 女 –en
時間	d'Stonn 女 –en
午前に	virmëttes 副
おととい	virgëscht 副 同 virgëschter
午前	de Virmëtteg 男 –er
時，時間	d'Zäit 女 –en

11. 国・言語・民族

アメリカ	Amerika 中
アメリカ人 (男性)	den Amerikaner 男 –
アメリカ人 (女性)	d'Amerikanerin 女 d'Amerikanerinnen
アメリカ (人) の	amerikanesch 形
アジア人 (男性)	den Asiat 男 –

9 11. 国・言語・民族

アジア（人）の	asiatesch 形	
アジア人（女性）	d'Asiatin 女	*d'Asiatinnen*
アジア	Asien 中	
ベルギー（人）の	belsch 形	
ベルギー	d'Belsch 女	
ベルギー人（男性）	de Belsch 男 –	
ベルギー人（女性）	d'Belsch 女 –	
中国	China 中	
中国人（男性）	de Chines 男 –en	
中国人（女性）	d'Chinesin 女	*d'Chinesinnen*

関連 Mandarin 中 中国語

中国（語・人）の	chinesesch 形	
ドイツ（語・人）の	däitsch 形	
ドイツ語	Däitsch 中	
ドイツ人（女性）	d'Däitsch 女	*d'Däitsch*
ドイツ人（男性）	den Däitschen 男	*d'Däitsch*
ドイツ	Däitschland 中	
イギリス（イングランド）		
	England 中	
イギリス人（男性）	den Englänner 男 –	
イギリス人（女性）	d'Englännerin 女	*d'Englännerinnen*
イギリス（人）の，英語の		
	englesch 形	
英語	Englesch 中	
ヨーロッパ	Europa 中	
ヨーロッパ人（男性）		
	den Europäer 男 –	
ヨーロッパ人（女性）		
	d'Europäerin 女	*d'Europäerinnen*
ヨーロッパ（人）の	europäesch 形	

11. 国・言語・民族　　　10

フランス	Frankräich	中
フランス(語・人)の		
	franséisch	形
フランス語	Franséisch	中
フランス人(女性)	d'Franséisch	女 –en
フランス人(男性)	de Fransous	男 –en
オランダ	Holland	中
オランダ人(男性)	den Holläner	男 –
オランダ人(女性)	d'Hollännerin	女 d'Hollännerinnen
オランダ(語・人)の		
	hollännesch	形
オランダ語	Hollännesch	中
イタリア人(男性)	den Italiéiner	男 –
イタリア人(女性)	d'Italiéinerin	女 d'Italiéinerinnen
イタリア(語・人)の		
	italiéinesch	形
イタリア語	Italiéinesch	中
イタリア	Italien	中
ルクセンブルク(国・市)		
	Lëtzebuerg	中
ルクセンブルク人(男性)		
	de Lëtzebuerger	男 –
ルクセンブルク人(女性)		
	d'Lëtzebuergerin	女
	d'Lëtzebuerginnen	
ルクセンブルク(語・人)の		
	lëtzebuergesch	形
ルクセンブルク語	Lëtzebuergesch	中
日本	Japan	中
日本人(男性)	de Japaner	男 –

11　　　11. 国・言語・民族

日本人(女性)	d'Japanerin 女	*d'Japanerinnen*
日本(語・人)の	japanesch 形	
日本語	Japanesch 中	
国籍	d'Nationalitéit 女 *–en*	
ポルトガル	Portugal 男	
ポルトガル人(男性)		
	de Portugis 男 *–en*	
ポルトガル人(女性)		
	d'Portugisin 女	*d'Portugisinnen*
ポルトガル(語・人)の		
	portugisesch 形	
ポルトガル語	Portugisesch 中	
スペイン(語・人)の		
	spuenesch 形	
スペイン語	Spuenesch 中	
スペイン	Spuenien 中	
スペイン人(男性)	de Spuenier 男 –	
スペイン人(女性)	d'Spuenierin 女	*d'Spuenierinnen*
スイス	d'Schwäiz 女	
スイス人(男性)	de Schwäizer 男 –	
スイス人(女性)	d'Schwäizerin 女	*d'Schwäizerinnen*
言語	d'Sprooch 女 *–en*	
話す	☆schwätzen 動	

Schwätzt Dir och Lëtzebuergesch?
あなたはルクセンブルク語も話しますか?

トルコ	d'Tierkei 女	
トルコ(語・人)の	tierkesch 形	
トルコ語	Tierkesch 中	
トルコ人(男性)	den Tierk 男 *–en*	
トルコ人(女性)	d'Tierkin 女	*d'Türkinnen*

12. 量・単位

セント	Cent 男
ドル	Doller 男
ユーロ	Euro 男
紙幣	de Geldschäin 男 –er
グラム	Gramm 男 –en
半分の	hallef 形
キログラム	Kilo 男 –en
キロメートル	Kilometer 男 –en
リットル	Liter 男 –en
硬貨，貨幣，小銭	d'Mënz 女 –en
メートル	Meter 男 –en
ポンド	Pond 中
センチメートル	Zentimeter 男 –en

13. 方位・方角

あそこに	do 副
外で	dobaussen 副
ここに，ここで	hei 副
ここから	heiaus 副
ここへ，こちらへ	heihin 副
左に	links 副
北	den Norden 男
北東	den Nordosten 男
北西	den Nordwesten 男
東	den Osten 男

方向，方角	d'Richtung 女 –en
	同 d'Direktioun 女 –en
右に	riets 副
まっすぐに	riichtaus 副
南	de Süden 男
南東	de Südosten 男
南西	de Südwesten 男
西	de Westen 男

14. 色

青い	blo 形
茶色い	brong 形
(色が)濃い，暗い	donkel 形
色	d'Faarf 女 *d'Faawen*
カラーの，カラフルな	
	faarweg 形
黄色い	giel 形
緑色の	gréng 形
灰色の	gro 形
淡い，明るい	hell 形
紫色の	purpur 形
ピンク色の	rosa 形
赤い	rout 形
黒い	schwaarz 形
白黒の	schwaarz-wäiss 形
白い	wäiss 形

15. 評価

平凡な	banal 形
簡単な	einfach 形

〜を ... と思う，見つける

☆fannen 動

Ech fannen d'Meedchen ganz nett.
私はその女の子はとても親切だと思います。

良い，上手な　　　gutt 形　　比 besser　最 bescht

見積もる，評価する　☆schätzen

関連 jugéieren 判断(判定)する，評価する
wäerten (価値を)評価する

Hie schätzt meng Leeschtungen héich.
彼は私の業績を高く評価している。

悪い	schlecht 形
ひどい	schlëmm 形
難しい	schwéier 形
素晴らしい	super 形

関連 genial 素晴らしい　wonnerbar (驚くほど)素晴らしい

価値　　　　　　de Wäert 男 −er

価値の高い，貴重な，大いに役立つ

wäertvoll 形

16. 基本形容詞，副詞

すぐに	bal 副
しばしば，頻繁に	dacks 副
厚い，太っている	déck 形
薄い，やせた	dënn 形
永遠の	éiweg 形
いつも	ëmmer 副
お互いに	enaner 副
それほど，まずまず	
	esou 副 同 sou
早く	fréi 副
全て，全く	ganz 副
好んで	gär 副 比 léiwer 最 léifst
その通りの	genee 副
十分な	genuch 副
ちょうど	grad 副
大きい，背が高い	grouss 形 比 gréisser 最 gréisst
固い	haart 形 比 häerter 最 häertst
高い	héich 形 比 héier 最 héchst
丁寧な	héiflech 形
冷たい	kal 形
小さい，背が低い	kléng 形
短い	kuerz 形 比 kierzer 最 kierzt
長い	laang 形 比 länger 最 längst
特に	iwwerhaapt 副
残念ながら	leider 副
最後の	lescht 形
軽い	liicht 形

16. 基本形容詞，副詞　　16

魔法の	magesch	形
やわらかい	mëll	形
(その上)さらに	nach	副
次の	nächst	形
何も〜ない	näischt	副
新しい	nei	形
〜しか，〜だけ	nëmmen	副
〜ない(否定詞)	net	副
低い	niddereg	形
近い	no	形
まだ	noch	副
普通の	normal	形
普通は	normalerweis	副
〜もまた	och	副
人気のある	populär	形
つるつるした，滑りやすい		
	rutscheg	形
鋭い	schaarf	形
美しい	schéin	形
速い，速く	schnell	形
関連　séier 速く		
重い	schwéier	形
まれな，めったにない		
	seelen	副
〜自身	selwer	副
全体の	total	形
典型的な	typesch	形
多くの	vill	形　比 méi　最 meescht
遠い，離れている	wäit	形
少しの，わずかな	wéineg	形

重要な　　　　　　wichteg 形

ひょっとしたら，たぶん

　　　　　　　　　vläicht 副

いっしょに　　　　zesummen 副

17. 動作

変わる　　　　　　sech änneren 動
　　Hien huet sech dach näischt geännert.
　　彼はちっとも変わっていませんでした。

遂行する，実行する

　　　　　　　　　ausféieren 動
　　De Spiller huet de Fräistouss ausgeféiert.
　　その選手はフリーキックを蹴った。

記入する　　　　☆ausfëllen 動
　　Kënnt Dir de Froebou ausfëllen?
　　このアンケート用紙に記入していただけますか？

(〜を ... へ)持っていく，持ってくる，連れて行く

　　　　　　　　　☆bréngen 動
　　Mir bréngen eisen alen Elteren Kleeder a Liewensmëttel.
　　私たちは年老いた両親のところへ衣類と食料品を持っていきます。

壊す，割る，破る

　　　　　　　　　☆briechen 動
　　De Claude huet beim Spillen d'Hand gebrach.
　　クロードは試合で腕を骨折した。

助言　　　　　　de Conseil 男 -en

する　　　　　　☆doen 動
　　Hunn ech dir eppes gedoen?
　　僕が君に何をしたんだい？

押す　　　　　　☆drécken 動

17. 動作　　　　　　　　18

Dréck net d'Knäppchen!
そのボタンは押しちゃダメ！

おしゃべりをする

☆sech ënnerhalen 動

Mir hunn eis mindestens eng Dräivéirelsstonn laang
ënnerhalen.
私たちは少なくとも45分はおしゃべりしていました。

落ちる　　　　☆falen 動

De ganzen Dag ass e waarme Reen gefall.
一日中暖かな雨が降っていた。

(乗り物で)行く，運転する

☆fueren 動

Den Zuch fiert op Ettelbréck.
この列車はエッテルブルック行きだ。

見る，見える　☆gesinn 動

Ech gesinn nëmme säi Gesiicht am Spiegel.
私はただ鏡に映った彼の顔だけしか見ていないのです。

与える，〜になる

☆ginn 動

Hien hu senger Duechter e Roman ginn.
彼は娘に1冊の長編小説を与えた。

行く　　　　　☆goen 動

Gëster sinn ech mat der Jessica an de Kino gaangen.
昨日私はジェシカと一緒に映画館へ行きました。

保つ，持ちこたえる，止まる

☆halen 動

De Bus hält ënnerwee op all Arrêt.
そのバスは途中の全ての停留所に止まります。

行為，行動　　　d'Handlung 女 -en
手助け，助力　　　d'Hëllef 女
手伝う，助ける　☆hëllefen 動

Do kann ech dir leider net hëllefen.

19   17. 動作

その件では私は残念ながら君の助けになれない。

取る　　　　　　　　☆huelen 動

Hien huet eng Kamera an de Grapp geholl.

彼はカメラを手に取った。

翻訳する　　　　　☆iwwersetzen 動　同　iwwerdroen

Si huet de berühmte Roman vu lëtzebuergesch op
japanesch iwwersat.

彼女はその有名な小説をルクセンブルク語から日本語に翻訳した。

買う　　　　　　　　☆kafen 動

Wat hues du um Maart kaaft?

市場で何を買ったの？

キスをする　　　　　☆këssen 動

関連　de Kuss 男 –en　キス

Den Antoine huet der Frau d'Hand gekësst.

アントワーヌはその女性の手にキスをした。

来る　　　　　　　　☆kommen 動

Eng Madame kënnt e Käerzestänner kafen.

ある女性が燭台を買いに来た。

力　　　　　　　　d'Kraaft 女　d'Kräften

得る，間に合う　☆kréien 動

Ech weess net, wéivill Täschegeld de Josy vu sengem
Papp kritt.

私は，ジョジーがお父さんからどれぐらいお小遣いをもらっている
か知らない。

見る，鑑賞する　kucken 動

Déi zwee kucken sech an d'Aen.

2人は目を見つめ合っている。

走る　　　　　　　　☆lafen 動

Hie leeft ëm den Dësch wéi e verspillten Hond.

彼は戯れている犬のようにテーブルの周りを走り回った。

嘘をつく　　　　　☆léien 動

De Mann litt wéi gedréckt.

17. 動作　　　　　　　20

その男は臆面もなく嘘をつく。

読む，読書をする

　　　　　☆liesen 動

Ech liese gären a menger Fräizäit.
私は暇なときに読書をするのが好きです。

作る，する　　☆maachen 動

Ech wëll menger Frau e Cadeau maachen.
私は妻に贈り物をするつもりです。

(〜を)連れてくる，持ってくる

　　　　　☆matbréngen 動

D'Kanner hu Kamellen vun doheem matgebruecht.
子供達は家からお菓子を持ってきた。

持ち帰る，持って行く，連れて行く

　　　　　☆mathuelen 動

De Student huet déi grouss Fläsch matgeholl.
その学生は大きな瓶を持ってきた。

走る，駆ける　　☆rennen 動

Dat klengt Kand ass géint d'Mauer gerannt.
その小さな子供は走って壁にぶつかった。

書く　　☆schreiwen 動

Bis haut hat ech wierklech keng Zäit fir ze schreiwen.
今日まで手紙を書く時間が本当にありませんでした。

座る，座っている

　　　　　☆sëtzen 動

関連　sech setzen 座る

Ech sëtze mech niewent hien un den Dësch.
私は彼の隣の席に腰を下ろした。

言う　　☆soen 動

Dat ass méi liicht gesot wéi gemaach.
言うは易く行うは難し。

置く　　☆stellen 動

De gescheite Jong huet dem Schoulmeeschter e gutt

Fro gestallt.

その利口な少年は教師に良い質問をした。

出会う　　　　☆treffen 動

Mir treffen eis samschdes nomëttes bei him doheem.

私たちは毎週土曜日の午後に彼の家で会っています。

結ぶ　　　　☆verbannen 動

Déi béid Stied sinn duerch eng Eisebunnslinn mateneen
verbonnen.

その２つの街は１本の鉄道路線によって結ばれています。

失う，負ける　　☆verléieren 動

D'Maria huet hire Portmonni verluer.

マリアは財布をなくした。

去る，出て行く　☆verloossen 動

Nodeems hie säi Land verlooss huet, gouf hien de
weltberühmte Moler.

彼は自らの国を去った後に世界的に有名な画家になった。

引く　　　　☆zéien 動

Déi al Damm huet vergiess, d'Handbrems ze zéien.

その老婦人はハンドブレーキを引くのを忘れていた。

18. 状態・状況

やり方，方法　　　d'Aart 女 –en

雰囲気，大気　　　d'Atmosphär 女

　　　　　　　　　同 d'Ambiance

関係　　　　　　　d'Bezéiung 女 –en

　関連 d'Relatioun 女 –en 関連，つながり

必要とする，〜する必要がある

　　　　　　　　☆brauchen 動

Vläicht brauche mer haut iwwerhaapt net an d'Schoul

18. 状態・状況　　　22

ze goen?
ひょっとして今日は僕たち学校へ行く必要ないんじゃない？

（時間を）要する，（時間が）かかる

dauern 動

Et dauert nach eng Zäit, bis däi Papp zréckkënnt.
君のお父さんが戻ってくるまでまだ時間がかかります。

平均　　　　　　den Duerchschnëtt 男 –er

相違　　　　　　den Ënnerscheed 男 –er
　　　　　　　　同 d'Differenz 女 –en

生じる，発生する　☆entstoen 動

D'Proff erklärt wéi aus Waasserdamp eng Schnéiflack
entsteet.
その女性教師はどのようにして水蒸気から雪片が生じるかを説明します。

出来事　　　　　d'Ereegnes 中 d'Ereegnesser

存在　　　　　　d'Existenz 女 –en

続ける　　　　　☆fortsetzen 動

Béid Koalitionsparteien hunn hir Partnerschaft ouni
grouss Divergenze fortgesat.
連立を組んでいる両政党は，大きな意見の相違なく連立を継続した。

属している　　　gehéieren 動

Dat gehéiert net zu menger Aarbecht.
それは私の仕事ではありません。

逆，反対　　　　de Géigendeel 男 –er
　　　　　　　　同 de Konträr 男 –en
　　　　　　　　/ de Contraire 男 –n

（事が）起こる　☆geschéien 動

Ech wëll onbedénkt wëssen, wat bei him geschitt ass.
彼に何が起こったのかどうしても知りたいです。

慣れる　　　　　☆gewinnen 動
　関連　gewinnt 〜に慣れた　ongewinnt 〜に慣れていない

23 18. 状態・状況

Ech gewinne mech un dës Aarbecht nach net.

私はこの仕事にまだ慣れません。

～になる，与える

☆ginn 動

Den Autonomen ass endlech Gouverneur ginn.

その過激派の男はついに県知事になった。

バランス　　　　　　d'Gläichgewiicht 中

掛ける，つるす ☆hänken 動

D'Mamm hänkt eis Biller un d'Mauer.

母は私たちの絵を壁に掛けています。

持っている ☆hunn 動

Mäi Frënd huet e groussen a schwaarzen Hond.

私の友人は大きくて黒い犬を飼っています。

条件　　　　　　　　d'Konditioun 女 –en

終える ☆ofschléissen 動

Endlech hunn hie säi Studium ofgeschloss.

彼はやっと学業を終えました。

(事件・事故が)起こる

passéieren 動

Gëster ass hei op der Strooss en Accident passéiert.

昨日，この路上で交通事故が起こった。

結果　　　　　　　　d'Resultat 中 –er

静かな，平穏な　　　roueg 形 同 stëll

Mir wëllen an der Zukunft an eiser Heemescht roueg
liewen.

私たちは将来，故郷で静かに暮らそうと思います。

溶ける ☆schmëlzen 動

E Véierel vun de Gletscheren ass am Nepal geschmolt.

ネパールの氷河の4分の1が溶けてしまった。

～である，～にいる

☆sinn 動

Elo ass mäi Papp wéint der Longenentzündung am

Spidol zu Lëtzebuerg.

今，父は肺炎のためにルクセンブルク市内の病院に入院しています。

気分，調子，雰囲気

d'Stëmmung 女

立っている　　　☆stoen 動

D'Meedchen steet schonn eng Stonn virun där Kierch.

その少女はもう1時間もその教会の前に立っています。

始まる，始める　☆ufänken 動

D'Virliesung vun Här Schmidt fänkt ëm eng Auer un.

シュミット氏の講演は1時に始まります。

理解	d'Verständnes 中
効果，作用	d'Wierkung 女 –en
交代，移り変わり	de Wiessel 男 –en
	同 de Changement 男 –en
偶然	den Zoufall 男 *d'Zoufäll*

19. 思考・感情

感想，印象　　　den Androck 男 *d'Andréck*

表現する　　　　ausdrécken 動

Ech sinn zimlech schwaach, datt ech mich gutt ausdrécken.

私は自分をうまく表現することがとても苦手です。

主張する　　　☆behaapten 動

Den Ugeklogten huet seng Onschold behaapt.

被告人は無実を主張した。

考える　　　　☆denken 動

Oft denken ech, datt et mer total egal ass.

僕にとってそんな事は全くもってどうでもいいことだといつも思っ
ているよ。

思い出す　　　☆erënneren 動

Ech konnt mech net méi un d'Gesiicht vun deem Mann erënneren.

私はもはやその男性の顔を思い出すことができなかった。

期待する，妊娠している

☆erwaarden 動

Et ass mir egal, ob d'Braut schonn e Kand erwaart.

新婦が妊娠しているかどうか私にはどうでもいいことだ。

嬉しく思う　　　　☆sech freeën 動

Ech hu mech wierkrech iwwer säi Besuch gefreet.

私は彼の訪問を本当に嬉しく思いました。

思想　　　　　　　de Gedanken 男 –

関連 d'Iddi 女 –en 思想，アイデア

感覚　　　　　　　d'Gefill 中 –er

怒り　　　　　　　den Ieger 男

怒る　　　　　　　☆sech iergeren 動

Du brauchs dech net iwwer d'Meenung vun anere Leit ze iergeren.

他の人の意見で腹をたてることはないよ。

驚き　　　　　　　d'Iwwerraschung 女 –en

同 d'Surprise 女 –n

(体験として)知っている

☆kennen 動

De Mann schéngt, ewéi esou vill Männer, keng Angscht ze kennen.

他の多くの男と同様に，その男は恐れを知らないように思われる。

泣く　　　　　　　☆kräischen 動

D'Anne huet vu Freed gekrasch.

アンネは喜びのあまり涙を流す。

笑う　　　　　　　laachen 動

Ech si ganz traureg, datt keen iwwert mäi Witz gelaacht hunn.

私のジョークを誰も笑ってくれず非常に悲しい。

19. 思考・感情　　　　　　26

苦悩, 悲しみ	d'Leed 中
(〜したいという)気持ち, 願望	
	d'Loscht 女
誤解	d'Mëssverständnes 中

d'Mëssverständnesser

熟考する　　　　　☆nodenken 動

Ech duecht doriwwer nach eng Kéier no, ob ech op d'Party goen soll.

私は, そのパーティーに行くべきかどうかもう一度よく考えてみた。

諦める　　　　　　☆opginn 動

Gitt Dir schonns d'Prüfung op?

もう試験を諦めるのですか？

興奮する, 憤慨する

opreegen 動

Plëtzlech huet sech d'Maria iwwert säi Verhalen opgereegt.

突然, マリアは彼の振る舞いに激怒した。

尊敬, 敬意　　　　de Respekt 男

においがする　　　☆richen 動

Et richt no Kebab wéi an engem tierkesche Basar.

トルコのバザールにいるかのようにケバブのにおいがしている。

恥ずかしがる　　　sech schummen 動

Ech géif mech zu Doud schummen virun dem Mann.

私はその男性の前で心の底まで恥ずかしい思いをした。

(臭い)においがする

☆sténken 動

Quatsch! Meng Socketten fänken endlech un ze sténken.

ヤバい！ 靴下が臭い始めた。

理論　　　　　　　d'Theorie 女 –n

忘れる　　　　　　☆vergiessen 動

Vergiess ni, datt du hei mat mer déi glécklech Zäit

verbruecht hues.

ここで僕と幸せな時を過ごしたことを決して忘れないで。

理解する　　　　　　☆verstoen 動

Ech kann iwwerhaapt net verstanen, firwat si mech
verloos huet.

なぜ彼女が僕の元を去ったのか，僕には全く理解できない。

(知識として) 知っている

　　　　　　　　　☆wëssen 動

Mir wëssen, datt si sech heemlech mat engem Mann
getraf huet.

彼女がひそかに男性と会っていたことを私たちは知っている。

楽しい　　　　　　frou 形

怒りっぽい，不機嫌な

　　　　　　　　iergerlech 形

予測しない，思いがけない

　　　　　　　　onerwaart 形

悲しい　　　　　　traureg 形

惚れ込んだ，夢中になった

　　　　　　　　verléift 形

信頼　　　　　　d'Vertrauen 中

目的　　　　　　den Zweck 男 –er

20. あいさつ，応答

さようなら　　　　Äddi! 同　Awuar!

挨拶をする　　　　☆begréissen 動

関連 d'Begréissung 男 –en 挨拶

Ech hunn se ganz léif gebréisst, well ech mech
wierklech gefreet hunn.

私は本当に嬉しかったので，とても心を込めて挨拶をしました。

20. あいさつ，応答　　28

また後で	Bis herno!
	同 Bis geschwënn! / Bis gläich!
また明日	Bis muer!
こんにちは	Bonjour!
お目にかかれて嬉しいです	
	Ech freeë mech!
残念ですが	Et deet mir leed.
どういたしまして	Gär geschitt!
良いご旅行を	Gudd Rees!　同 Bon voyage!
おはよう	Gudde Moien!
召し上がれ	Gudden Appetit!
こんばんは	Gudden Owend!　同 Bonsoir!
おやすみなさい	Gutt Nuecht!
はい(肯定の返事)	jo 副
ありがとう	Merci!
こちらこそありがとう	
	Merci, gläichfalls.
いいえ(否定の返事)	
	neen 副
すみませんが(呼びかけ)	
	Pardon!　同 Entschëlligt!
やあ	Salut!
ご幸運を	Vill Gléck!
どうもありがとうございます	
	Villmools Merci!
どうぞ	Wann ech glifft!
調子はどう？	Wée geet et?
ようこそ	Wëllkomm!

21. 家族・友人

養子にする　　　　　　adoptéieren　動
Och de gläichgeschlechtlech Koppelen hunn d'Recht,
Kanner ze adoptéieren.
同性愛のカップルも子供を養子にする権利を有している。

養子縁組　　　　　　d'Adoptioun　女 –en
養父母　　　　　　　d'Adoptivelteren　複
　　関連　den Adoptivpapp 男 –en 養父　d'Adoptivmamm 女 –en
　　　　養母

養子　　　　　　　　d'Adoptivkand 中　*d'Adoptivkanner*
　　関連　den Adoptivjong 男 –en (男の)養子　d'Adoptivduecht
　　女 *d'Adoptivdiechter / d'Adoptivduechteren* (女の)養子

赤ん坊　　　　　　　de Bëbee 男　*d'Bëbeeën*
知り合い(女性)　　　d'Bekannten 女 –
知り合い(男性)　　　de Bekannten 男 –
結婚する　　　　　　☆sech bestueden　動
D'näischt Joer bestueden ech mech mat enger
italienesch Fra.
来年，私はあるイタリア人女性と結婚します。

既婚の　　　　　　　bestuet　形
　　関連　net bestuet 未婚の

花婿，新郎　　　　　de Bräitchemann 男　*d'Bräitchemänner*
花嫁，新婦　　　　　d'Braut 女　*d'Bräit*
兄弟　　　　　　　　de Brudder 男　*d'Bridder*
娘　　　　　　　　　d'Duechter 女
　　　　　　　　　　　d'Diechter / d'Duechteren
婿，娘の夫　　　　　den Eedem 男 –en
両親　　　　　　　　d'Elteren 複
孫　　　　　　　　　d'Enkelkand 中　*d'Enkelkanner*

21. 家族・友人　　　　　30

| | 同 d'Kandskand 中 d'Kandskanner |

養う　　　　　　　ernieren 動
Sengem Revenu kann hien d'Famill net ernieren.
彼の収入では家族を養うことができない。

家族　　　　　　　d'Famill 女 –en
婚約者(男性)　　　de Fiancé 男 –en
婚約者(女性)　　　d'Fiancée 女 d'Fiancéeën
世話をする　　　　fleegen 動
D'Zil vun där Institutioun ass d'Kanner ouni Elteren ze fleegen.
その施設の目的は，両親のいない子供の世話をすることです。

妻，女性　　　　　d'Fra 女 –en
ボーイフレンド，（男の）友人
　　　　　　　　　de Frënd 男 d'Frënn
ガールフレンド，（女の）友人
　　　　　　　　　d'Frëndin 女 d'Frëndinnen
(〜に，〜で)生まれた
　　　　　　　　　gebuer 形
兄弟姉妹　　　　　d'Geschwëster 複
　　　　　　　　　同 d'Gesëschter
祖母　　　　　　　d'Groussmamm 女 –en 同 d'Bomi
祖父　　　　　　　de Grousspapp 男 –en 同 de Bopi
紳士，〜さん(男性に対して)
　　　　　　　　　den Här 男 –en
結婚式　　　　　　d'Hochzäit 女 –en
相続する　　　　　☆ierwen 動
De René huet d'Verméigen vu sengem Papp geierft.
ルネは彼のお父さんの財産を相続した。

息子，少年　　　　de Jong 男 –en
　　　　　　　　　同 de Bouf 男 d'Bouwen

関連 de Fils 男 *d'Fissen* 息子

子供	d'Kand 中	*d'Kanner*
カップル	d'Koppel 女 *–en*	
夫婦	d'Koppi 女 *–en*	
従兄弟	de Koseng 男 *–en*	
	同 de Cousin 男 *–en*	

関連 *d'Cousine* 女 *d'Cousinnen* 従姉妹

～さん(女性に対して)

	d'Madame 女 *–n*	
母	d'Mamm 女 *–en*	
夫，男性	de Mann 男 *d'Männer*	
少女	d'Meedchen 中 *Meedercher*	
おじ	de Monni 男 *–er*	
めい	d'Niess 女 *–en*	
おい	den Neveu 男 *–en*	
父	de Papp 男 *–en*	
嫁，息子の妻	d'Schnauer 女 *–en*	
ペットの犬	de Schoussmippchen 男	
	d'Schoussmippercher	
義両親，継父母	d'Schwéierleit 複	

関連 de Schwéierpapp 男 *–en* 舅，継父
d'Schwéiermamm 女 *–en* 姑，継母

姉妹	d'Schwëster 女 *–en*	
おば	d'Tatta 女 *–en*	
婚約する	sech verloben 動	
	同 sech fiancéieren	

**De Prënz Félix huet sech mat der däitscher Claire
Lademacher verlobt.**
フェリックス王子はドイツ人のクレア・ラーデマッハーさんと婚約
した。

22. 人物　　　　　　　　　　32

婚約	d'Verlobung 女 –en
	同 d'Fiançaille 女 –n
婚約している	verlobt 形 同 fiancéiert
双子	den Zwilling 男 –en

22. 人物

貧しい	aarm 形
活動的な	aktiv 形
年老いた，古い	al 形 比 eeler 最 eelst
人気のある	beléift 形
金髪の	blond 形
血液型	d'Bluttgrupp 女 –en
性格	de Carakter 男 –en
勇気	de Courage 男 同 de Mutt 男

　関連 couragéiert 勇気のある

| 太っている，厚い | déck 形 |
| やせた，薄い | dënn 形 |

　関連 schlank ほっそりした，スリムな

夢	den Dram 男 d'Dreem
経験	d'Erfahrung 女 –en
臆病	d'Feigheet 女

　関連 feig 臆病な

真面目な，一生懸命に	
	fläisseg 形
友好，友情	d'Frëndschaft 女 –en

　関連 frëndlech 友好的な

| ケチな | gäizeg 形 |
| 緊張した | gespaant 形 |

幸せな　　　　　　　　glécklech 形
グループ，集団　　　　d'Grupp 女 –en
〜という名前である
　　　　　　　　　　　heeschen 動
　Wéi heescht Dir? — Ech heeschen André Engelmann.
　あなたのお名前は？　私はアンドレ・エンゲルマンといいます。

朗らかな　　　　　　　heiter 形
国際的な　　　　　　　international 形
若い　　　　　　　　　jonk 形　比 méi jonk　最 jénkst
子供じみた，幼稚な
　　　　　　　　　　　kannereg 形
知り合う　　　　　　　kenne(n) léieren 動
　Si ass an dee Mann verléift, deen si op der Party kenne
　geléiert huet.
　彼女はパーティーで知り合った男性に惚れ込んでいる。

退屈する　　　　　　　sech langweilen 動
　関連　langweileg 退屈な
　Ech hu mech am Theater gelangweilt
　私は劇場で退屈していました。

親切な　　　　　　　　léif 形
　関連　gentil 親切な
愉快な　　　　　　　　lëschteg 形
ずる賢い　　　　　　　lous 形
　関連　schlau 抜け目のない
男らしい，男性の　　　männlech 形
人見知りの　　　　　　mënschenschei 形
神経質な　　　　　　　nervös 形
名前　　　　　　　　　den Numm 男　d'Nimm
　関連　den Familljennumm 男 d'Familljennimm 名字
　de Virnumm 男 d'Virnimm ファーストネーム
　de Spëtznumm 男 d'Spëtznimm ニックネーム

23. 宗教　　　　　　　　34

注意深い	opmierksam 形
裕福な	räich 形
弱い	schwaach 形
強い，丈夫な	staark 形
厳しい	streng 形
自己紹介する	☆sech virstellen 動

Mat haarter Stëmm huet sech déi nei Kollegin virgestallt.
大きな声で新入社員は自己紹介した。

| 女らしい，女性の | weiblech 形 |
| 将来 | d'Zukunft 女 |

23. 宗教

| 大司教 | den Äerzbëschof 男　d'Äerzbëscheef |
| 改宗する | sech bekéieren 動 |

Firwat huet sech de Claude zu Islam bekéiert?
なぜクロードはイスラム教に改宗したんだい？

| 懺悔 | d'Beicht 女 –en |
| 懺悔する | beichten 動 |

Virgëschter sinn ech beichte gaangen.
一昨日，私は告解をしに行きました。

| 聖書 | d'Bibel 女 –en |
| 祈る | ☆bieden 動 |

Ech biede fir all Judden a fir all aarm Mënschen.
私は全てのユダヤ人と貧しい人のために祈ります。

| 仏教 | de Buddhismus 男 |
| キリスト教 | de Chrëschtentum 男 |

　関連　chrëschtlech キリスト教の

| キリスト教徒 | de Chrëscht 男 –en |
| 洗礼 | d'Daf 女　d'Dawen |

悪魔	den Däiwel 男 *–en*
洗礼を施す	deefen 動

Déi kleng Prinzessin Charlotte gëtt de 5. Juli gedeeft.
シャルロッテ王女は7月5日に洗礼を受けました。

大聖堂	den Doum 男
福音書	d'Evangelium 中 *d'Evangelien*
敬虔な	fromm 形
神	de Gott 男 *d'Gëtter*
ミサ	de Gottesdéngscht 男 *–er*
	同 d'Mass 女 *–en*
神聖な	helleg 形
魔女	d'Hex 女 *–en*
ヒンズー教	den Hinduismus 男
賛美歌	d'Hymm 女 *–en*
イスラム教	den Islam 男
関連 islamesch イスラム教の	
ユダヤ教	de Judaismus 男
ユダヤ人	de Judd 男 *–en*
枢機卿	de Kardinol 男 *d'Karineel*
カテドラル	d'Kathedral 女 *–en*
カトリック	de Katholik 男 *–en*
関連 kathoulesch カトリックの	
教会	d'Kierch 女 *–en*
修道院	de Klouschter 男 *d'Kléischter*
十字架	d'Kräiz 中 *–er*
関連 d'Kräiz maachen 十字を切る	
修道女	d'Nonn 女 *–en* 同 d'Schwëster
(新教の)牧師，（カトリックの）司祭	
	de Paschtouer 男
修道士，神父	de Pater 男 *–en*

24. 身体　　　　　　　36

宗教の	reliéis 形
宗教	d'Religioun 女 –en
神社	de Schräin 男 –er
シナゴーグ	d'Synagog 女 –en
信教の自由	d'Religiounfräiheet 女
寺	den Tempel 男 –en

24. 身体

目	d'A 中 d'Aen
腕	den Aarm 男 d'Äerm
眉	d'Aperhoer 中 –
ヒゲ	de Baart 男 d'Bäert
頬	de Bak 男 –en
腹	de Bauch 男 d'Bäich
脚	d'Been 中
胸	d'Broscht 女 d'Brëscht
膀胱	d'Blos 女 –en
血液	d'Blutt 中
腸	den Daarm 男 d'Däerm
親指	den Daum 男 –en
	同 den Domm 男 –en
くるぶし	den Enkel 男 –en
指	de Fanger 男 –
指紋	de Fangerofdrock 男 d'Fangerofdréck
こぶし	d'Fauscht 女 d'Fäischt
かかと	d'Feescht 女 –en
足	de Fouss 男 d'Féiss
精神	de Geescht 男 –er

脳	d'Gehir 中 –er	
うなじ，首筋	d'Genéck 中 –er	
顔	d'Gesiicht 中 –er	
のど	d'Guergel 女 –en	
心臓	d'Häerz 中 –er	
首，のど	den Hals 男	*d'Häls*
手	d'Hand 女	*d'Hänn*
手首	d'Handgelenk 中 –er	
皮膚	d'Haut 女	*d'Hait*
腰，尻	d'Hëft 女	*d'Hëffen*
尻	den Hënner 男 –en	
髪	d'Hoer 中	
ひじ	den Ielebou 男	*d'Ielebéi*
頭	de Kapp 男	*d'Käpp*
あご	de Kënn 男 –	
鼻	d'Nues 女 –en	
体，胴体	de Kierper 男 –	
ひざ	de Knéi 男 –en	
肝臓	d'Liewer 女 –en	
唇	d'Lëps 女 –en	
肺	d'Long 女 –en	
胃	de Mo 男	*d'Mee*
口	de Mond 男	*d'Mënner*
筋肉	de Muskel 男 –en	
神経	den Nerv 男 –en	
腎臓	d'Nier 女 –en	
爪	den Nol 男	*d'Neel*
へそ	den Nuebel 男 –en	
血管	d'Oder 女 –en	
耳	d'Ouer 中 –en	

25. 健康　　　　　　　　38

男性器	de Penis 男 *d'Penissen*
背中	de Réck 男 *–er*
肋骨	d'Rëpp 男 *–en*
骨	d'Schank 女 *–en*
肩	d'Schëller 女 *–en*
骨格	d'Skelett 中 *–er*
額	d'Stir 女 *–en*
静脈	d'Ven 女 *–en*
まつ毛	d'Wimper 女 *–en*
背骨	d'Wirbelsail 女 *–en*
ふくらはぎ	d'Wued 女 *–en*
歯	den Zant 男 *d'Zänn*
足の指	d'Zéif 女 *d'Zéiwen*
舌	d'Zong 女 *–en*

25. 健康

| 薬局 | d'Apedikt 女 *–en* |
| 出血する | ☆bludden 動 |

Dem klehge Brudder seng Nues huet an der Nuecht geblutt.
夜，弟が鼻血を出した。

血圧	de Bluttdrock 男
脈	de Bols 男
鬱病	d'Depressioun 女 *–en*
薬物	d'Drog 女 *–en*

関連 drogenofhängig 薬物中毒の

| 炎症 | d'Entzündung 女 *–en* |

関連 d'Longenentzündung 肺炎

| 流行病 | d'Epidemie 女 *–n* |

風邪を引く	☆sech erkalen 動	

Hien huet sech staark erkaalt a louch schon am Bett.

彼はひどい風邪を引いてもうベッドで横になっています。

風邪	d'Erkältung 女 –en	
	同 d'Gripp 女 –en	
安楽死	d'Euthanasie 女	
熱	d'Féiwer 中	
脳溢血	d'Gehirbluddung 女 –en	
脳震盪	d'Gehirerschütterung 女 –en	
健康な	gesond 形	
心筋梗塞	den Häerzinfarkt 男 –en	
回復する	heelen 動	

No enger Operatioun ass hie geheelt a kann en normalt
Liewe féieren.

彼らは手術後に回復し，日常生活を送ることができています。

ぎっくり腰	den Hexeschoss 男 *d'Hexeschëss*
せき	den Houscht 男
せきをする	houschten 動

Hien houscht, ouni d'Hand virun de Mond ze halen.

彼は手で口を覆うことなくせきをしている。

予防接種をする	impfen 動

Ech muss mäin Hond géint Tollwut impfe loossen.

犬に狂犬病の予防接種を受けさせなければならない。

感染症	d'Infektiounskrankheet 女 –en

伝染(感染)させる，(テレビ・ラジオを)中継する，翻訳する

☆iwwerdroen 動

Eng Erkältung iwwerdréit sech einfach.

風邪は簡単にうつります。

頭痛	de Koppwéi 男
病気の	krank 形
ガン	de Kriibs 男 –en

25. 健康　　　　　　　　40

（病気に）かかる，〜に苦しむ
　　　　　　　☆leiden 動
Mäi Papp leit un enger Krankheet.
父はある病気にかかっています。

薬　　　　　　　d'Medikament 中 –er
疲れている　　　midd 形
測る　　　　　　☆moossen 動
Ech loosse regelméisseg mäi Bluttdrock moossen.
私は定期的に血圧を測ってもらっています。

腹痛　　　　　　de Mowéi 男
筋肉痛　　　　　de Muskelkater 男 –er
鼻血　　　　　　d'Nuesbludden 中
手術　　　　　　d'Operatioun 女 –en
手術をする　　　operéieren 動
Den ale Schauspiller gouf um Häerz operéiert.
その年老いた俳優は心臓の手術を受けた。

患者　　　　　　de Patient 男 –en
いびきをかく　　schnaarchen 動
Mäi Papp schnaarcht déi ganzen Nuecht.
私の父は一晩中いびきをかいています。

鼻をかむ　　　　☆sech schnäizen 動
Well ech op Pollen allergesch hunn, schnäizen ech ganz
dacks.
花粉症のため私はとても頻繁に鼻をかんでいます。

鼻水　　　　　　d'Schnuddel 女 –en
汗をかく　　　　☆schweessen 動
　関連　de Roux 男 –en 汗
Et ass gutt fir Gesondheet, an der Sauna ze schweessen.
サウナで汗をかくのは健康に良い。

病院　　　　　　d'Spidol 中　d'Spideeler
注射　　　　　　d'Sprëtz 女 –en

	同 d'Piqûre 女 *–en*
注射する	☆sprëtzen 動 同 sprutzen

Den Diabetiker muss sech Insulin sprëtzen.

その糖尿病患者は自分にインスリン注射をしなければならない。

ストレス	de Stress 男
便	de Stullgank 男
結核	d'Tuberkulos 女 *–en*
尿	den Urin 男
怪我をする	☆sech verletzen 動

Hien huet ganz schwéier um Kapp verletzt.

彼は頭を大怪我した。

けが	d'Verletzung 女 *–en*

関連 de Verwonnten（男の）けが人 d'Verwonnt（女の・複数の）けが人 verwonnt けがをしている

ウイルス	de Virus 男 d'Viren
痛み	de Wéi 男
傷	d'Wonn 女 *–en*
痛みがある	wéi 形

26. 衣類・身につけるもの

（服を）脱ぐ	☆sech ausdoen 動

関連 sech changéieren 着替える sech undoen （服を）着る

Si huet sech virun der Spigel gestallt an hir Boxen ausgedoen.

彼女は鏡の前に立ち，ズボンを脱ぎました。

ステッキ	de Bengel 男 *–en*
	同 de Reesbengel 男 *–en*
	/ de Spadséierbengel 男 *–en*

26. 衣類・身につけるもの　42

ベレー帽	de Berri 男 *-en*
ハンガー	de Bigel 男 *-en*
ブラウス	d'Blus 女 *-en*
	同　d'Blouse 女 *-n*
ズボン	d'Box 女 *-en*
パンツスーツ	d'Boxekostüm 女 *-en*
ブレスレット	de Brecelet 男 *-en*
幅	d'Breet 女　*d'Breeden*
メガネ	de Bréll 男 *-er*
バスローブ	de Buedemantel 男　*d'Budedemäntel*
ベルト	d'Ceinture 女 *-n*
	同　de Rimm 男 *-en*
パンティーストッキング	
	de Collant 男 *-en*
ネックレス	de Collier 男 *-en*
	同　d'Ketten 女 *-*
身につける	☆droen 動

Haut dréit hien déi getëppelt Krawatt.
今日，彼は水玉模様のネクタイをしています。

マタニティウェア	d'Ëmstandkleeder 複
下着	d'Ënnerwäsch 女
折り畳む	☆falen 動

Normalerweis faalt mäi Papp d'Wäsch.
通常，私の父が洗濯物を畳みます。

スカーフ	de Fischi 男 *-en*
	同　de Foulard 男 *-en*
花柄の	geblummelt 形
ストライプ柄の	gesträift 形
水玉模様の	getëppelt 形
ベスト	de Gilet 男 *-en*

43　26. 衣類・身につけるもの

ハンカチ, タオル	d'Handduch 中 *d'Handdicher*
手袋	d'Händsch 女 *–en*
補聴器	den Härapparat 男 *–en*
ヘルメット	den Helm 男 *–er*
シャツ	d'Hiem 中 *–er*
(つばのある)帽子	den Hutt 男 *d'Hitt*
ジャケット	d'Jackett 女 *–en*
	同 de Paltong 男 *–en*
ジーンズ	d'Jeansbox 女 *–en*
スカート	d'Jupe 女 *d'Jüppen*
試着室	d'Kabinn 女 *–en*
(男性用の)下着	de Kalzong 男 *–en*

　　関連 de Slip 男 *d'Slippen* (女性用の)下着

格子柄の	karéiert 形
衣類, ワンピース	d'Kleed 中 *–er*

　　関連 de Rack 男 *d'Räck* ワンピース

ボタン	de Knapp 男 *d'Knäpp*
襟	de Kolli 男 *–en*
	同 de Col 男 *d'Collen*
コンタクトレンズ	d'Kontaktlëns 女 *–en*
スーツ	de Kostüm 男 *–er*
綿	de Kotteng 男
ネクタイ	d'Krawatt 女 *–en*
革	d'Lieder 中
おむつ	d'Lomp 女 *–en*
	同 d'Pampers 女 *d'Pamperssen*
コート	de Mantel 男 *Mäntel*
長袖の	mat lanngen Äerm

　　関連 mat kuerzen Äerm 半袖の

流行の, 最新の	modern 形

26. 衣類・身につけるもの   44

流行	d'Moud 女 –en	
(つばのない)帽子	d'Mutz 女 –en	
ナイトシャツ	d'Nuechthiem 中 –er	
イヤリング	den Ouerrank 男	d'Ouerréng
パイプ	d'Päif 女 –en	
パーカー	de Parka 男 –en	
毛皮	de Pelz 男 –er	
雨傘	de Präbbeli 男 –en	
セーター	de Pullover 男 –en	
	同 de Plover 男 –en	
パジャマ	de Pyjama 男 –en	
指輪	de Rank 男	d'Réng
	同 de Reef 男 –er / de Krees 男	
	d'Kreesser / de Ring 男 –en	
レインコート	de Reemantel 男	d'Reemäntel
よだれかけ	d'Sabbelduch 中	d'Sabbeldicher
マフラー	de Schall 男 –en	
スリッパ	d'Schlapp 女 –en	
靴	de Schong 男 –	
絹	d'Seid 女 –en	
ショートパンツ	de Short 男 –en	
サングラス	de Sonnebrëll 男 –er	
ブラジャー	de Soutien 男 –en	
ブーツ	de Stiwwel 男 –en	
ストライプ	d'Sträif 女 –en	
線	de Stréck 男 –er	
アイロンをかける	strecken 動	

D'Hiem ass frësch gestréckt.
このシャツはアイロンをかけたばかりだ。

(長めの)靴下，ストッキング

	d'Strëmp 女 –
関連 d'Sochett 女 *-en* 靴下	
スウェットシャツ	de Sweat-Shirt 男 *-en*
レディースシャツ	den Tailluer 男 *-en*
刺青	d'Tätowéierung 女 *-en*
ジッパー	d'Tirette 女 *-n*
Ｔシャツ	den T-Shirt 男 *-en*
制服	d'Uniform 女 *-en*
試着する	☆uprobéieren 動

Probéiert Dir dësen neie Mantel un?
この新作のコートを試着してみますか？

更衣室	de Vestiaire 男 *-n*
洗濯物，洗濯	d'Wäsch 女 *-en*
ウール	d'Woll 女

27. 住まい・部屋

住所	d'Adress 女 *-en*
入口，玄関	den Agank 男 *d'Agäng*
	同 d'Entrée 女 *d'Entréeën*
アパート	d'Appartementhaus 中
	d'Appartementhaiser
時計	den Auer 男 *-en*
出口	den Ausgank 男 *d'Ausgäng*
賃貸契約書	de Bail 男 *-en*
建設する	bauen 動

Ech sinn iwwerzeegt, datt hei e ganzt neit Haus gebaut
gëtt.
ここに新しい家が建てられるとは驚きだ。

27. 住まい・部屋　　　46

本棚	d'Bicherregal 中 –er
アイロン	de Bigel 男 –en
絵，写真	d'Bild 中 　d'Biller
広い	breet 形
床	de Buedem 男
浴室，バスルーム	d'Buedezëmmer 女 –en
ソファー	de Canapé 男 –en
屋根	den Daach 男 　d'Diech
食卓，机	den Dësch 男 –er
ドア	d'Dier 女 –en
ゴミ箱	den Dreckseemer 男 –en
	同　den Drecksbac 男 –en
	d'Poubelle 女 –en
ゴミ袋	d'Dreckstut 女 –en
一戸建て	d'Eefamilljenhaus 中
	d'Eefamilljenhaiser
狭い	enk 形
旗	de Fändel 男 –en
窓	d'Fënster 女 –en
修繕する，繕う	flécken 動

**Mäi Papp huet d'Rëss an der Mauer an am Plafong
gefléckt.**
私の父は壁と天井のヒビを修繕した。

冷蔵庫	de Frigo 男 –en
庭園，庭	de Gaart 男 　d'Gäert
廊下	de Gank 男 　d'Gäng
ガレージ	de Garage 女 –n
ガス	de Gas 男 –en
建物	d'Gebai 中 –er
快適な	gemittlech 形

47 　　　　27. 住まい・部屋

家	d'Haus 中 *d'Haiser*
暖房装置	d'Heizung 女 *–en*

　　関連 d'Zentralheizung 女 *–en* セントラルヒーティング

暖房する，暖める　☆hëtzen 動

　　D'Zëmmer ass nach net gehëtzt.
　　部屋はまだ暖まっていない。

(壁に作り付けの)暖炉

	de Kamäin 男 *–er*
地下室	de Keller 男 *–en*
エアコン	d'Klimaanlag 女 *–en*
	同 d'Klimatisatioun 女 *–en*
洋服ダンス	d'Kommoud 女 *–en*
台所	d'Kichen 女 *–*
(台所の)戸棚	de Kischeschaf 男 *d'Kischeschief*

ノックする，トントンと打つ

	klappen 動

　　Ee kloppt un d'Dier.
　　誰かがドアをノックしている。

蛇口	de Krunn 男 *d'Krinn*
穴	d'Lach 中 *d'Lächer*
洗面台	de Lavabo 男 *–en*

ある，横たわる　☆leien 動

　　Déi al Kierch läit am Duerfzentrum.
　　その古い教会は村の中心にあります。

エレベーター	de Lift 男 *–en*

(住居を)借りている人，店子

	de Lokatär 男 *–en*
	同 de Locataire 男 *–n*
(部屋を)借りる	lounen 動

　　関連 verlounen (部屋を)貸す

27. 住まい・部屋　　　48

Hie lount en Appartementhaus mat 3 Schlofkummeren.
彼は寝室が３つあるアパートを借りています。

家賃，賃貸	de Loyer 男 *–en*
ランプ	d'Luucht 女 *–en*
大理石	de Marmer 男
家具	de Miwwel 男 *–/–en*
家具付きの	miwweléiert 形
近所，近距離	d'Noperschaft 女
非常口	den Notausgank 男　*d'Notausgäng*
ナイトテーブル	den Nuechtdësch 男 *–er*
ゴミ	den Offall 男　*d'Offäll*
	同　den Dreck 男
流し台	den Oflaf 男　*d'Ofleef*
	同　den Offloss 男 *d'Oflëss*
片付ける，整理する	☆opraumen 動

Mir hunn den Dësch opgeraumt.
私たちは食卓を片付けました。

紙	de Pabeier 男 *–er*
天井	de Plafong 男 *–en*
ぬいぐるみ	d'Popp 女 *–en*
財布	de Portmonni 男 *–en*
ポスター	de Poster 男 *–en*
清潔な	propper 形
(住居を)貸している人，大家	
	de Proprietär 男 *–n*
	同　de Proprietaire 男 *–n*
1 階	de Rez-de-chaussée 男
	d'Rez-de-chausséeën
カーテン	de Riddo 男 *–en*
ロッカー	de Schaf 男　*d'Schief*

49   27. 住まい・部屋

鍵	de Schlëssel 男 –en
寝室	d'Schlofzëmmer 中 –en
	同 d'Schlofkummer 女 –en
探す	sichen 動

Elo sichen ech meng Brëll. Hues du et iergendwou net gesinn?
今，僕は自分のメガネを探しているんだ。どこかで見なかったかい？

階	de Stack 男 d'Stäck
掃除機	de Stëbssuckeler 男 –
	同 de Staubsauger 男 –
コンセント	d'Steckdous 女 –en
電気，電流	de Stroum 男
停電	d'Stroumpann 女 –en
リビングルーム	d'Stuff 女 d'Stuwwen
	同 de Living 男 –en
いす	de Stull 男 d'Still
鏡	de Spigel 男 –en
じゅうたん	den Teppech 男 –er
引き出し	den Tirang 男 –en
トイレ	d'Toilette 女 –en
階段	d'Trap 女 –en
ストーブ，オーブン	
	den Uewen 男 d'Iewen
(電灯を)つける，(スイッチを)入れる	
	☆umaachen 動

関連 ausmaachen（電灯を）消す，（スイッチを）切る

D'Josie ass wéi e Blëtz aus dem Bett gesprong an huet de Computer ugemaach.
ジョジーはベッドから飛び起き，パソコンの電源を入れた。

| 花瓶 | d'Vas 女 –en |

28. 家事・日課　　　　50

壁	d'Wand 女	*d'Wänn*
やかん	de Waasserbiz 男	*–en*
水道	d'Waasserleitung 女	*–en*

住む，住んでいる　wunnen 動
Zënter Joren wunnen ech zu Lëtzebuerg.
数年前から私はルクセンブルク市に住んでいます。

住まい，住居	d'Wunneng 女	*–en*
部屋	d'Zëmmer 中	*–en*
	同　d'Kummer 女	*–en*
レンガ	d'Zill 女	*–en*
柵	den Zonk 男	*d'Zénk*

28. 家事・日課

眠り込む，寝入る　☆aschlofen 動
Bal ass de Bëbee ageschlof.
赤ちゃんはすぐに寝入りました。

掃除する　　　　☆botzen 動
Ech kommen dräimol d'Woch an d'Haus, fir ze botzen.
私は週に 3 回掃除をするために家に戻ります。

日記　　　　　　d'Dagebuch 中　*d'Dagebicher*

家に，在宅で　　doheem 形

シャワーを浴びる　sech duschen 動
D'Jean duscht sech nëmmen emol an der Woch.
ジャンは週に 1 回しかシャワーを浴びません。

急ぐ　　　　　　☆sech fläissen 動
Wann mir eis fläissen, da kréien vläischt nach den näschte Bus.
急いだらまだ次のバスに間に合うかもしれない。

ジョギングをする　joggen 動

Hie joggt haut net, well hien héicht Féiwer huet.
彼は高熱があるので今日はジョギングをしない。

髪をとく　　　　　　sech kämmen 動

D'Josette kuckt an de Spigel a kämmt sech d'Hoer.
ジョゼットは鏡を覗き込み，髪をといた。

ほうきで掃く　　　kieren 動

De Buedem ass naass, an d'Schierbele loossen sech net
gutt op d'Schëpp kieren.
床が濡れており，細かな破片をちりとりにうまく掃き集められない。

換気する，虫干しする

　　　　　　　　　　lëften 動

Mir hunn d'Fënster opgemaach, fir d'Kummer ze lëften.
私たちは部屋の換気をするために窓を開けました。

生活，命　　　　　d'Liewen 中 –

起床する，立ち上がる

　　　　　　　　　　☆opstoen 動

Um halwer néng sinn ech opgestanen a si bei d'Fënster
gaangen.
私は8時半に起床し，窓のそばへと行った。

タバコを吸う　　　raachen 動

Owes raacht hien op der Terrasse.
毎晩，彼はテラスでタバコを吸っている。

(髭・毛を)剃る　　sech raséieren 動

Zënter Méint huet hie sech net raséiert.
数ヶ月前から彼は髭を剃っていません。

眠る，眠っている　☆schlofen 動

Mäi Brudder schléift a meng Kummer.
兄が私の部屋で眠っている。

散歩　　　　　　　de Spadséiergank 男　*d'Spadséiergäng*
　　　　　　　　　　同　d'Promenade 女 *–n*

散歩する　　　　　spadséiere(n) goen 動
　　　　　　　　　　同　trëppele(n) goen

28. 家事・日課　　　　　52

Mir si spadséiere gaangen, an duerno huet hie mech
doheem ofgeliwwert.

私たちは散歩に出かけ，その後彼は私を家まで送り届けてくれました。

食器を洗う　　　　spullen 動

D'Margot an ech, mir spullen a mir raumen d'Zëmmer
op.

マルゴと私は食器を洗い，部屋を片付けました。

洗う　　　　　　☆wäschen 動

関連　sech wäschen（体を）洗う

Den Här Bricher wäscht säin Auto vrun der Dier.

ブリヒャー氏はドアの前で車を洗っています。

洗剤　　　　　d'Wäschmëttel 中 –en

磨く　　　　　☆wichsen 動

Meng Fra wichst de Buedem ni.

私の妻は床の拭き掃除をしてくれない。

歯を磨く　　　　Zänn wäschen 動

同　Zänn botzen

Moies ginn ech vrun der Schoul an d'Dusch an wäsche
mech d'Zänn.

毎朝，学校の前に私はシャワーを浴び，歯を磨いています。

歯ブラシ　　　　d'Zännbiischt 女 –en

29. 食生活

イチゴ	d'Äerdbier 女 –en	
アルコール	den Alkohol 男 –er	

関連 Béier ouni Alkohol ノンアルコールビール

パイナップル	d'Ananas 女	d'Ananassen
りんご	den Apel 男	d'Äppel
食欲	den Appetit 男	

関連 Gudden Appetit! 召し上がれ！

ナス	d'Aubergine 女	d'Auberginnen
（パンなどを）焼く	☆baken 動	

E 540 Meter laange Chrëschtdagskuch gouf am
fraiséischen Alpenstiedchen Evian gebak.
フランス・アルプス山脈の小都市エビアンで 540 メートルの長さ
のクリスマスケーキが作られました。

ベーキングパウダー

	de Bakpolver 男	
オーブン，焼き釜	de Bakuewen 男	d'Bakiewen
バナナ	d'Banann 女 –en	
苦い	batter 形	
ビール	de Béier 男	
梨	d'Bir 女 –en	
バター	de Botter 男	
ブレートヒェン（小さい丸型のパン）		
	d'Bréitchen 中	d'Bréidercher
炒める	☆broden 動	

De Botter an enger Pan schmëlzen, d'Broutstécker duerch
d'Ee-Mëllech-Mëschung zéien an an der Pan broden.
バターをフライパンで溶かし、卵と牛乳を混ぜたものに浸したトー
ストをフライパンで炒めます。

29. 食生活　　54

パン	d'Brout 中 –

関連 dat wäisst Brout 白パン, 小麦パン　dat schwaartzt Brout
黒パン, ライ麦パン

きのこ	de Champignon 男 –en
チコリー	de Chicon 男 –en
蒸す	dëmpen 動

Als Dessert hu si gedëmpt Champignonë giess.
デザートとして彼らは蒸したキノコを食べました。

鍋	d'Dëppen 中 –
ぶどう	d'Drauf 女 *d'Drauwen*
飲む	☆drénken 動

**De Fotograf huet versprach, en Espresso mat mir
drénken ze goen.**
その写真家は, 私とエスプレッソを飲みに行こうと約束してくれた。

喉の渇き	den Duuscht 男
卵	d'Ee 中　*d'Eeër*
うなぎ	den Éil 男 –en
玉ねぎ	d'Ënn 女 –en
	同 d'Zwibbel 女 –en d'Zwiwwel 女 –en
酢	den Esseg 男
腐った	faul 形
魚	de Fësch 男 –
脂肪の多い	fett 形

関連 fettaarm 低脂肪の

肉	d'Fleesch 中

関連 de Fleeschplat 男 –en 肉料理

新鮮な	frësch 形
フライドポテト	d'Fritten 複
発酵する, 発酵させる	
	☆gären 動

29. 食生活

Déi ganz gegäert Mëllech huet hien ausgedronk.
完全に発酵してしまった牛乳を彼は飲み干した。

発酵	d'Gärung 女 –en
ジャム	d'Gebeess 中
飲み物	d'Gedrénks 中
大麦	d'Geescht 女
ひき肉	d'Gehacktes 中
野菜	d'Geméis 中
調味料，香辛料	d'Gewierz 同 –er
	同 d'Gewürz 中 –er
食器	d'Geschir 中
アイスクリーム	d'Glace 女 –n
バーベキューをする	
	grillen 動

Dacks brille mer op dem Gaart.
しばしば私たちは庭でバーベキューをしています。

じゃがいも	d'Gromper 女 –en
ハム	d'Ham 女 –en
レタス	d'Heet 中
	同 d'Heederzalot 女 –en
	/ d'Laitue 女 –n
空腹	den Honger 男
蜂蜜	den Hunneg 男
食べる	☆iessen 動

Mir ginn zu Mëtteg iessen a fueren duerno op
Lëtzebuerg.
私たちは昼食をとり，その後ルクセンブルク市へ行きます。

食べ物，食事	d'Iessen 中
鴨	d'Int 女 –en
ヨーグルト	de Joghurt 男 –en

29. 食生活　　　　　56

|同| de Yoghurt |男| *–en*

キャベツ　　　　　de Kabes |男|

　|関連| roude Kabes 紫キャベツ

煮る，料理する　　kachen |動|

De Weekend kachen ech fir mech oder ech kache mat Frënn.

週末，私は自分で料理するか，あるいは友人たちと一緒に料理します。

かまど，レンジ　　d'Kachmaschinn |女| *–en*

コーヒー，朝食　　de Kaffi |男|

　|関連| Kaffi drénken 朝食をとる，コーヒーを飲む

かぼちゃ　　　　　d'Kalbass |女| *–en*

　　　　　　　　　|同| de Külbis |男| *d'Külbissen*

キャンディー　　　d'Kamell |女| *–en*

チーズ　　　　　　de Kéis |男| *–en*

ケチャップ　　　　de Ketschup |男|

さくらんぼ　　　　d'Kiischt |女| *–en*

冷やす　　　　　　killen |動| |同| kal stellen

De Roger killt am Frigo dräi Fläschen Saaft.

ロジェは冷蔵庫でジュースを３本冷やしています。

キウイフルーツ　　d'Kiwi |女| *–en*

ごぼう　　　　　　d'Klett |女| *–en*

　　　　　　　　　|同| d'Kliet |女| *d'Klieden*

にんにく　　　　　de Knuewelek |男|

保存食品，缶詰　　d'Konserv |女| *–en*

きゅうり　　　　　d'Kornischong |女| *–en*

ハーブ　　　　　　d'Kraut |中| *d'Kraider*

ケーキ　　　　　　de Kuch |男| *–en*

炭酸　　　　　　　de Kuelesaier |女|

　|関連| Mineralwaasser ouni Spruddel 炭酸なしのミネラルウォーター

食料品	d'Liewensmëttel 中 –
レモネード	d'Limonad 女 –en
マカロニ	d'Makkaroni 男 –en
トウモロコシ	de Mais 男
マンゴー	d'Mango 女 –en
マーガリン	d'Margarine 女 *d'Margarinnen*
マヨネーズ	d'Mayonnaise 女 –n
牛乳	d'Mëllech 女
メロン	d'Meloun 女 –en
混ぜる	mëschen 動

Duerno mëschen ech Zocker an den Deeg.
次に砂糖を生地に混ぜます。

昼食	d'Mëttegiessen 中

関連 zu Mëtteg iessen 昼食を食べに行く

電子レンジ	d'Mikrowell 女 –en
ミネラルウォーター	
	d'Mineralwaasser 中
ミキサー	de Mixer 男 –en
淡白な，脂肪分の少ない	
	moer 形
ブルーベリー	d'Molbier 女 –en
マスタード	de Moschter 男
人参	d'Muert 女 –en
	同 d'Wuerzel 女 –en
夕食	d'Nuechtiessen 中
オリーブ	d'Oliv 女 –en
オリーブオイル	den Olivenueleg 男
泡立器(撹拌棒)でよくかき混ぜる	
	opklappen 動

2 Eeër mat 1 Pak Vanillzocker an 200 g Rahm gutt

29. 食生活　　　　　　　　58

opklappen.
卵2個，バニラ入り砂糖1パック，生クリーム200グラムをよく
かき混ぜます。

日本語	ルクセンブルク語
オレンジ	d'Orange 中 –n
ほうれん草	de Päinetsch 男
	同 de Spinat 男
平鍋，フライパン	d'Pan 女 –en
コショウ	de Peffer 男
桃	d'Piisch 女 d'Pijen
ピザ	d'Pizza 女 –en
料理	de Plat 男 –en
（料理の）一人前	d'Portioun 女 –en
鶏肉	de Poulet 男 –en

味見する，試食する

probéieren 動

Den Tourist aus Russland huet eng Drëpp probéiert.
そのロシアからの観光客はシュナップスを味見しました。

スモモ	d'Promm 女 –en
	同 d'Praum 女 –en
生クリーム	d'Rahm 女
米	de Räis 男
生の	réi 形
大根	de Réidech 男
牛肉	d'Rëndfleesch 中
カブ	d'Rommel 女 –en
ジュース	de Saaft 男
みずみずしい	säfteg 形
塩	d'Salz 中
塩辛い	salzeg 形
満腹の	sat 形

59   29. 食生活

酸っぱい	sauer 形
鮭	de Saumon 男 *–en*
	同 de Salem 男 d'Saalmen
辛い，鋭い	schaarf 形
（皮を）剥く	schielen 動

Elo schielt mäi Papp an der Kiche d'Gromperen.
今，父が台所でジャガイモの皮をむいています。

| 味がする | schmaachen 動 |

Dat schmaacht mir net.
それは僕にとっては美味しくなかった。

| まずい，悪い | schlecht 形 |
| 切る | ☆schneiden 動 |

D'Mamm huet d'Ham an Tranchë geschnidden.
母はハムを薄く切ってくれました。

豚肉	d'Schwéngefleesch 中
甘い	séiss 形
甘さ，（複数で）甘いもの	
	d'Séissegkeet 女 *–en*
大豆	d'Sojaboun 女 *–en*
醤油	d'Sojaszooss 女
スパゲティ	d'Spaghetti 女 *–en*
アスパラガス	d'Spargel 女 *–en*
ベーコン	de Speck 男
目玉焼き	d'Spiegelee 中 d'Spiegeleeër
ストロー	de Stréihallem 男 d'Stréihällem
茶，紅茶	den Téi 男

関連 dee gréngen Téi 緑茶，日本茶
　　 dee schwaarzen Téi 紅茶

| トーストパン | den Toast 男 *–en* |
| | 同 d'Toastbrout 中 – d'Panebrout 中 – |

29. 食生活　　　　　　　60

(パンを)トーストする

　　　　　　　　toasten 動

Ech toasten eng Tranche Brout a maache Kaffi.

私はパンをトーストし，コーヒーを入れます。

トースター	den Toaster 男 *-en*
トマト	d'Tomat 女 *-en*
トマトソース	d'Tomatenzooss 女 *d'Tomatenzoosen*
焦げる	☆ubrennen 動

D'Fleesch ass ugebrannt.

肉は焦げてしまった。

果物	d'Uebst 中
油	den Ueleg 男 *-er*
ドレッシング	d'Vinaigrette 女 *-n*
水	d'Waasser 中
ワイン	de Wäin 男 *-er*

　　関連　roude Wäin 赤ワイン　wäisse Wäin 白ワイン

小麦	de Wees 男
小麦粉	d'Weessemiel 中
温める	☆wiermen 動

Ech wierme menger Fra Zopp.

私は妻のためにスープを温めています。

(肉などが)柔らかい，か弱い

　　　　　　　　zaart 形

サラダ	d'Zalot 女 *-en*

(肉などが)堅い，歯ごたえがある

　　　　　　　　zéi 形

熟した	zeideg 形
レモン	d'Zitroun 女 *-en*
砂糖	den Zocker 男
ソーセージ	d'Zoossiss 女 *-en*

スープ	d'Zopp 女 –en

30. 報道・メディア

定期購読をする　　　sech abonnéieren 動
　　関連　d'Abonnement 中 –er 定期購読
　　　　d'Abonnent 男 –en 定期購読者
　　Zënter dräi Joren abonnéiert sech mäi Papp dës
　　Zäitschrëft.
　　　3年前から父はこの雑誌を定期購読しています。

広告	d'Annonce 女 –n
アンテナ	d'Antenn 女 –en
記事	den Artikel 男 –en
編集者	den Editeur 男 –en

編集する，発行する，出版する
　　　　　　　　　　☆erausginn 動
　　D'lescht Joer huet dee Professer e Buch mam Titel
　　„Fuuss" erausginn.
　　　昨年その教授は「キツネ」というタイトルの本を出版した。

テレビ	de Frenseh 男 –en
	同　d'Tëlee 女 d'Tëleën
	/ d'Televisioun 女 –en
記者	de Journalist 男 –en
社説	de Leitartikel 男 –en
	同　den Editorial 男 *den Editoriallen*
生放送で	live 形
マスメディア	d'Massemedien 複
報じる	mellen 動

　　D'Meteo mellt Reen.
　　　天気予報は雨を予報している。

31. 伝統・行事	62

ニュース	d'Noriichten 複
新聞・雑誌	d'Press 女
記者会見	d'Pressekonferenz 女 –en
取材記者	de Pressevertrieder 男 –
スポークスマン	de Porte-parole 男 –n
プロパガンダ	d'Propaganda 女
ラジオ	de Radio 男 –en
放送する	☆senden 動

RTL sent d'Noriichten op Lëtzebuergesch.
RTL はルクセンブルク語でニュースを放送しています。

アナウンサー	de Speaker 男 –
テレビ番組	den Tëleesprogramm 男 –er
雑誌	d'Zäitschrëft 女 –en
	同 d'Revue 女 –n
新聞	d'Zeitung 女 –en

31. 伝統・行事

エイプリルフール	den Abrëllsgeck 男

待降節(11 月 30 日に最も近い日曜日からクリスマスイブまで)

den Advent 男

諸聖人の日(11 月 1 日)

d'Allerhellgen 中

クリスマス(12 月 25 日)

de Chrëschtdag 男

メーデー(5 月 1 日)	den Dag vun der Aarbecht 男
祭	d'Fest 中 –er

関連 d'Feier 女 –en 祭典

カーニバル(2 月下旬頃)

d'Fuesent 女

クリスマスイブ(12 月 24 日)

den Hellegowend 男

同 den Hellegerowend 男

聖母被昇天の日(8 月 15 日)

de Léiffrawëschdag 男

建国記念日(6 月 23 日)，国民の休日

den Nationalfeierdag 男

元旦(1 月 1 日)　den Neijoerschdag 男

オクターブ(巡礼週間：復活祭後の 3 週間目の日曜日から 5 週間目の日曜日まで)

d'Oktav 女

オリンピック　　d'Olympiad 女 –en

関連 d'Wanterolympiad 女 –en 冬季五輪

イースター，復活祭(春分の日の後の最初の満月の次の日曜日)

d'Ouschteren 複

精霊降臨祭(復活祭の 50 日後)

d'Päischten 複

大晦日(12 月 31 日)　de Silvester 男

聖シュテファンの日(12 月 26 日)

de Stiefesdag 男

伝統　　　　　　d'Traditioun 女 –en

ワールドカップ　　d'Weltmeeschterschaft 女 –en

関連 d'Foussball-Weltmeeschterschaft 女 –en サッカーのワールドカップ

32. 教育・学問

欠席　　　　　　d'Absence 女 –n

32. 教育・学問　　　　　64

関連　net do 欠席している

卒業する　　　　　　　absolvéieren 動

No dësem 4-jährege Studium huet hien nach e Master of Music Studium zu Mainz absolvéiert.

４年間の大学生活の後，さらに彼はマインツで音楽学の修士課程を修了した。

考古学　　　　　　　　d'Archeologie 女

関連　den Archeolog 男 –en 考古学者

建築学　　　　　　　　d'Architektur 女

関連　den Architekt 男 –en 建築士

(学籍)登録する　☆aschreiben 動

関連　immatrikuléieren 学籍登録する

Gëschter hunn ech mech op der Universitéit Lëtzebuerg ageschriwwen.

昨日私はルクセンブルク大学に学籍登録してきました。

遠足　　　　　　　　den Ausfluch 男　d'Ausflich

同　d'Excursioun 女 –en

例外　　　　　　　　d'Ausnahm 女 –en

例　　　　　　　　　d'Beispill 中 –er

経営学　　　　　　　d'Betribswirtschaft 女

関連　de Betribswirtschaftler 男 – 経営学者

ボールペン　　　　　de Bic 男 –en

教育，教養　　　　　d'Bildung 女

関連　den Edukatioun 男 教育

生物学　　　　　　　d'Biologie 女

関連　de Biolog 男 –en 生物学者

鉛筆　　　　　　　de Bläistëft 男 –er

ホッチキス　　　　de Bostitch 男 –en

奨学金　　　　　　d'Bourse 女　d'Bourssen

書評　　　　　　　d'Buchbespriechung 女 –en

キャンパス　　　　de Campus 男　d'Campussen

65   32. 教育・学問

化学　　　　　　　　d'Chimie 女
　　関連　de Chemiker 男 – 化学者
獣医学　　　　　　　d'Déiermedezin 女
辞書　　　　　　　　den Dictionnaire 男 –n
博士　　　　　　　　den Dokter 男 –en
　　関連　d'Dokteraarbecht 女 –en 博士論文
(試験に)落ちる　☆duerchfalen 動
　　　Dräi Véierel vun der Klass hunn am Examen
　　　duerchgefall.
　　クラスの4分の3が試験に落第した。
経済学　　　　　　　d'Economie 女
　　　　　　　　　　　同　d'Sciences économiques 複
　　関連　den Economist 男 –en 経済学者
電気工学　　　　　　d'Elektrotechinik 女
　　関連　den Elektrotechiniker 男 – 電気工学者
父母会，PTA　　　　d'Eltereversammlung 女 –en
推薦する　　☆empfielen 動
　　　Ech empfielen dir dëst Léierbuch.
　　この教科書を君に推薦するよ。
試験　　　　　　　　den Examen 男 –
　　　　　　　　　　　同　d'Prüfung 女 –en
論文　　　　　　　　den Exposé 男 –en
専門　　　　　　　　d'Fach 中　d'Fächer
学部　　　　　　　　d'Fakultéit 女 –en
研究　　　　　　　　d'Fuerschung 女 –en
　　関連　de Fuerscher 男 – 研究者
教養のある　　　　　gebilt 形
保育園　　　　　　　d'Garderie 女 –n
地理学　　　　　　　d'Geografie 女
　　関連　de Geograf 男 –en 地理学者
地質学　　　　　　　d'Geologie 女

32. 教育・学問　　　　　66

|関連| de Geolog 男 –en 地質学者

歴史　　　　　　　　　d'Geschicht 女 –en

　|関連| den Historiker 男 – 歴史学者

根拠，理由　　　　　　de Grond – 男　*d'Grënn*

消しゴム　　　　　　　de Gummi 男 –en

主専攻　　　　　　　　d'Haaptfach 中

　|関連| d'Niewefach 中 *d'Niewefächer* 副専攻

宿題　　　　　　　　　d'Hausaufgab 女 –en

ノート　　　　　　　　d'Heft 中 –er

仮説　　　　　　　　　d'Hypothes 女 –en

学籍登録　　　　　　　d'Immatrikulatioun 女 –en

情報科学　　　　　　　d'Informatik 女

　|関連| den Informatiker 男 – 情報科学者

法学　　　　　　　　　d'Jura 複

　|関連| den Droit 男 –en 法学，法律　de Jurist 男 –en 法学者

知識　　　　　　　　　d'Kenntnis 女　*d'Kenntnisser*

教室　　　　　　　　　d'Klass 女 –en

　　　　　　　　　　　|同| d'Klassezëmmer 中 –en

　　　　　　　　　　　de Klassesall 男 *d'Klassesäll*

クラスメート　　　　　d'Klassekomerod 男 –en

　　　　　　　　　　　|同| d'Schoulkomerod 男 –en

修正する　　　　　　　korrigéieren 動

　　Kënnt Dir mäin Däitsch korrigéieren?

　　　私のドイツ語を直していただけますか？

チョーク　　　　　　　d'Kräid 女

職業教育　　　　　　　d'Léier 女 –en

学ぶ　　　　　　　　　léieren 動

　　Wat hues du an der Schoul geléiert?

　　　君は学校で何を学んできたんだい？

蛍光ペン　　　　　　　de Liichtstëft 男 –er

定規	de Lineal 男 –er	
文学	d'Literatur 女 –en	
関連 de Literaturwëssenschaftler 男 –en 文学者		
褒める	☆luewen 動	

Hien huet d'Kanner gelueft, well si äert Zëmmer selwer gebotzt haten.

子供達が自分で部屋を掃除していたので，彼は子供達を褒めました。

リセ（中等教育学校）		
	de Lycée 男 d'Lycéeën	
機械工学	de Machinnebau 男	
関連 de Mashinnebauer 男 –en 機械技師		
医学	d'Medezin 女	
自然科学	d'Naturwëssenschaften 複	
関連 den Naturwëssenschaftler 男 –en 自然科学者		
（辞書を）ひく	☆noschloen 動	

Hie schléift d'Wuert "Schwanz" am Dictionnaire no.

彼は Schwanz という語を辞書で調べています。

成績	d'Note 女 d'Notten	
	同 d'Nummer 女 –en	
メモ	d'Notiz 女 –en	
関連 sech notzie maachen メモを取る		
無教養の	ongebilt 形	
口頭の	oral 形	
合格する，マスターする		
	packen 動	

Säi Jong huet déi schréftlech Prüfung net gepackt.

彼の息子はその筆記試験に合格できなかった。

教育学	d'Pedagogik 女	
関連 de Pedagog 男 –en 教育学者		
哲学	d'Philosophie 女	
	同 d'Philo 女	

32. 教育・学問　　　　　　68

　関連　de Philosoph 男 –en 哲学者

物理学　　　　　　　　d'Physik 女

　関連　de Physiker 男 – 物理学者

政治学　　　　　　　　d'Politikwёssenschaft 女 –en

　関連　de Politikwёssenschaftler 男 –en 政治学者

出席　　　　　　　　　d'Presenz 女 –en

　関連　do sinn 出席している

小学校　　　　　　　　d'Primärschoul 女 –en

(高等教育における男性の)教師

　　　　　　　　　　　de Professer 男 –en

　関連　d'Professorin 女 d'Professorinnen

心理学　　　　　　　　d'Psychologie 女

　関連　de Psycholog 男 –en 心理学者

計算する　　　　　　☆rechnen 動

　関連　kalkuléieren 計算する

Hie rechent séier a genee.
彼は計算が速いし正確だ。

レポート　　　　　　　d'Referat 中 –er

勉強する，働く　　　schaffen 動

All Dag schaffen ech doheem Franséisch.
毎日私は家でフランス語を勉強しています。

はさみ　　　　　　　　d'Schéier 女 –en

学校　　　　　　　　　d'Schoul 女 –en

スクールバス　　　　　de Schoulbus 男 d'Schoulbussen

学年，年度　　　　　　d'Schouljoer 中 d'Schouljoren

(初等教育における男性の)教師

　　　　　　　　　　　de Schoulmeeschter 男 –en

　関連　d'Joffer 女 –en (初等教育における女性の)教師

記述の　　　　　　　　schréftlech 形

(男の)生徒　　　　　　de Schüler 男 –

　関連　d'Schülerin 女 d'Schülerrinnen (女の)生徒

69   32. 教育・学問

| (学校・大学の)学期 | d'Semester 中 –en |

ゼミナール　　　　　de Seminär 男 –en

　　　　　　　　　　同　de Seminaire 男 –n

留年する　　　　　　sëtze(n) bleiwen 動

Dräimol hunn ech op der Universitéit sëtze gebliwwen.
私は大学で 3 回留年しました。

社会学　　　　　　　d'Soziologie 女

　関連　de Soziolog 男 –en 社会学者

幼稚園　　　　　　　d'Spillschoul 女 –en

言語学　　　　　　　d'Sproochwëssenschaft 女 –en

　関連　de Sproochwëssenschaftler 男 –en 言語学者

　　　　de Linguist 男 –en 言語学者

運動場　　　　　　　de Sportsterrain 男 –en

専攻する　　　　　　studéieren 動

Déi Studentin studéiert Lëtzebuergesch.
その女子学生はルクセンブルク語を専攻しています。

(男の)大学生　　　　de Student 男 –en

　関連　d'Studentin 女 d'Studentinnen (女の)大学生

学籍　　　　　　　　d'Studieplaz 女 –en

学問　　　　　　　　de Studium 男　d'Studien

黒板　　　　　　　　d'Tafel 女 –en

工学　　　　　　　　d'Techinik 女

　関連　den Techiniker 男 – 工学者，専門技術者

テクスト　　　　　　den Text 男 –er

体育館　　　　　　　den Turnsall 男　d'Turnsäll

大学　　　　　　　　d'Universitéit 女 –en

遅刻　　　　　　　　d'Verspéidung 女 –en

予習する，準備する

　　　　　　　　　　virbereeden 動

Hie bereet ëmmer den Unterrecht vir.
彼はいつも授業の予習をしている。

33. 仕事　　　　　　　　70

朗読する　　　　　　☆virliesen 動

De Schrëftsteller liest seng Gedichter vir.

その作家は自らの詩を朗読しています。

講義　　　　　　　　d'Virliesung 女 *-en*

真実　　　　　　　　d'Wourecht 女 *-en*

復習する　　　　　　☆widderhuelen 動

Hutt Dir déi quadratesch Equatioun widderholl?

みなさん，二次方程式の復習をしてきましたか？

単語　　　　　　　　d'Wuert 中 *d'Wierder*

コンパス　　　　　　den Zierkel 男 *-en*

33. 仕事

仕事　　　　　　　　d'Aarbecht 女 *-en*

労働者　　　　　　　den Aarbechter 男 *-*

労働許可　　　　　　d'Aarbechtserlaabnes 女

　　　　　　　　　　　d'Aarbechtserlaabnesser

労働条件　　　　　　d'Aarbechtskonditiounen 複

労働契約　　　　　　den Aarbechtskontrakt 男 *-er*

職場　　　　　　　　d'Aarbechtsplaz 女 *-en*

労働時間　　　　　　d'Aarbechtsstonn 女 *-en*

　　関連　d'Aarbechtszäit 女 *-en*

農業　　　　　　　　den Akerbau 男

老人ホーム　　　　　d'Altersheim 中 *-er*

雇用する　　　　　　☆astellen 動

Meng Firma huet deen Ingenieur net agestellt.

私の会社はそのエンジニアを雇用しなかった。

宇宙飛行士　　　　　den Astronaut 男 *-en*

原子力発電所　　　　d'Atomkraaftwierk 中 *-er*

71   33. 仕事

農夫   de Bauer 男 –en
　関連　d'Bauerefra 女 –en 農婦
公務員   de Beamten 男 –
詐欺師   de Bedréier 男 –
　　　　　　　　　　　　同　de Gauner 男 –en
相談する   ☆beroden 動
　　Doriwwer muss ech mech fir d'éischt mat menger Fra.
　　それについてはまず妻と相談しなければなりません。
職業   de Beruff 男 –er
職に就いている   beruffstäteg 形
企業   de Betrib 男 –en
　　　　　　　　　　　　同　d'Entreprise 女 –n
掃除婦   d'Botzfra 女 –en
事務所   de Büro 男 –en
(女性の)事務員   d'Büroemployée 女　d'Büroemployéeën
キャリア   d'Carrière 女 –n
(タクシーなどの)ドライバー
　　　　　　　　　　　de Chauffer 男 –en
　関連　de Buschauffer 男 –en バスの運転手
(部・課・局の)長，上司，ボス
　　　　　　　　　　　de Chef 男 –en
無職，失業   de Chômage 男
　関連　Chômage bezuelt kréien 失業手当を受ける
(男性の)失業者   de Chômeur 男 –en
　関連　d'Chômeuse 女 –n (女性の)失業者
顧客   de Client 男 –en
　　　　　　　　　　　　同　de Konn 男 –en
経歴，履歴書   de CV 男 –en
　　　　　　　　　　　　同　de Curriculum vitae 男 d'Curriculum
　　　　　　　　　　　　　vitaen

33. 仕事　　　　　　　　　72

（男性の）ダンサー	den Dänzer	男	–

関連　d'Dänzerin 女 *d'Dänzerinnen* （女性の）ダンサー

泥棒	den Déif	男	–
求職	d'Demande	女	*–n*
勤務	den Déngscht	男	*–er*
サービス業	d'Déngschtleeschtung	女	*–en*
外交官	den Diplomat	男	*–en*
（男性の）医者	den Dokter	男	*–en*

関連　d'Doktesch 女 *–en* （女性の）医者

通訳をする	dolmetschen	動

A Frankräich dolmetscht meng Fra fir mech.
フランスでは私のために妻が通訳をしてくれます。

通訳者	den Dolmetscher	男	–
（男性の）会社員	den Employé	男	*–en*

関連　d'Employée 女 *–ën* （女性の）会社員

売り上げ	den Ëmsatz	男	*d'Ëmsätzer*
署名	d'Ënnerschréft	女	*–en*
署名する	☆ënnerschreiwen	動	

Ech hunn e Scholdschäin ënnerschriwwen.
私は借用書にサインをしました。

調査する	☆ënnersichen	動

D'Polizei ënnersicht deen Accident op der Strooss.
警察は，その交通事故を調査しています。

輸出	den Export	男	*–er*
工場	d'Fabréck	女	*–en*
製品	d'Fabrikat	中	*–er*
	同　d'Produkt	中	*–er*
漁師	de Fëscher	男	–
漁業	d'Fëscherei	女	*–en*
支社，支店	d'Filial	女	*–en*

会社	d'Firma 女 *d'Firmen / d'Firmaen*
公務，公共部門	d'Fonctioun publique 女
給料	d'Gehalt 中 *d'Gehälter*
利益	de Gewënn 男 *–er*
労働組合	d'Gewerkschaft 女 *–en*
本社，本店	den Haaptsëtz 男 *–er*

商取引，貿易，産業

den Handel 男

扱う，振舞う　　handelen 動

Hien handelt mat wonnerschéinen Dicher.
彼は非常に素敵な織物を扱っている。

アイドル	den Idol 男 *–er*
不動産屋	den Immobilienhändlier 男 *–*
輸入	den Import 男 *–er*
工業	d'Industrie 女 *–n*
(男性の)看護師	den Infirmier 男 *–en*
関連 d'Infirmière 女 *–n* (女性の)看護師	
エンジニア	den Ingenieur 男 *–en*
研究所	d'Institut 中 *–er*

(就職のための)面接

	den Interview 男 *–en*
翻訳家	den Iwwersetzer 男 *–*
	同 den Traducteur 男 *–en*
翻訳	d'Iwwersetzung 女 *–en*
	同 d'Traductioun 女 *–en*
応募，志願	d'Kandidatur 女 *–en*
	同 d'Demande 女 *–n*
関連 de Kandidat 男 *–en* 応募者	
経費	d'Käschten 複

退職を申し出る，解雇を通知する，解約を予告する

33. 仕事　　　　　74

kënnegen 動

Ech hu fir den éischte Abrëll gekënnegt.
私は 4 月 1 日限りで退職する旨を申し出た。

同僚	de Kolleg 男 –en
コピー	d'Kopie 女 –n
倉庫，在庫	d'Lager 中 –en
	同 den Depôt 男 –en
業績	d'Leeschtung 女 –en
弁護士	de Maître 男 –n
機械工	de Mecanicien 男 –en
応募する	sech mellen 動

Hien huet sech fir déi Plaz gemellt.
彼はそのポストに応募しました。

年金	d'Pansioun 女 –en

関連 a Pansioun goen 年金生活に入る

雇用者	de Patron 男 –en
年金生活者	de Pensionär 男 –en
	同 de Rentier 男 –en
パイロット	de Pilot 男 –en
ポジション	d'Plaz 女 –en
警察	d'Polizei 女
警察官	de Polizist 男 –en

消防士，（複数で）消防隊

	de Pompjee 男 *d'Pompjeeën*
郵便局員	de Postbeamten 男 –

プレゼンテーション

	d'Presentatioun 女 –en

計画，プロジェクト

	de Projet 男 –en
修理する	reparéieren 動 同 *flécken*

PPCH ass e Betrib mat Sëtz zu Lëtzebuerg, dee
Computeren zusammenbaut a reparéiert.

PPCH はルクセンブルク市にある，パソコンの組み立てと修理を行う会社です。

労働者，従業員	de Salarié 男 *–en*	

成し遂げる　　　☆schafen 動

Ech ka meng Aarbecht net méi schafen.

私は仕事をもはや期限内に片付けることができない。

借用書　　　　　de Scholdschäin 男 *–er*

作家　　　　　　de Schrëftsteller 男 *–*

　　　　　　　同　den Auteur 男 *–en*

(男性の)秘書　　de Sekretär 男 *–en*

関連　d'Sekretärin 女 *d'Sekretärinnen*　(女性の)秘書

人事部　　　　　de Service du personell 男

セクシュアル・ハラスメント

　　　　　　　déi sexuell Belästegung 女

会議　　　　　　d'Sitzung 女 *–en*

　　　　　　　同　d'Sëtzung 女 *–en*

(男性の)客室乗務員

　　　　　　　de Steward 男 *–en*

関連　d'Stewardess 女 *–en* (女性の)客室乗務員

ストライキ　　　de Streik 男 *–en*

システム　　　　de System 男 *–er*

責任のある　　　verantwortlech 形

稼ぐ　　　　　　verdéngen 動

Seng Mamm verdéngt méi wéi säi Papp.

彼の母は，彼の父よりもたくさん稼いでいます。

交渉する　　　☆verhaldenen 動

Hie verhandelt mat säi Client iwwert de Präis.

彼は顧客と値段について交渉しています。

損失　　　　　　de Verloscht 男 *–er*

仲介する，斡旋する

☆vermëtteln 動

Ech hunn him eng Aarbechtsplaz vermëttelt.

私は彼に就職口を仲介してあげました。

契約，条約，協定	de Vertrag 男 *d'Verträg*
代理人	de Vertrieder 男 –
	同 de Representant 男 *–en*
名刺	d'Visittekaart 女 *–en*
協力する	☆zesummeschaffen 動

Ech muss mat meng Kollegen zesummeschaffen.

私は同僚と協力しなければなりません。

兵士　　　　　　　den Zoldot 男 *–en*

34. 飲食店

氷	d'Äis 中
コースター	de Béierdeckel 男 *–en*

1回の食事で用いるフォーク，ナイフ，スプーンのセット

d'Besteck 中 *–er*

同 de Couvert 男 *–en*

注文する　　　　☆bestellen 動

An dëser Bar bestellt e um Dësch.

このバーではテーブルで注文をします。

支払う　　　　　☆bezuelen 動

Elo kann ech net boer bezuelen.

今は現金で支払うことはできません。

コーヒーなどの小さなポット

de Biz 男 *–en*

バターナイフ　　d'Bottermesser 中 *–en*

77　　　　　　　　　　　　　　34. 飲食店

喫茶店	de Café 男 –n
デザート	den Dessert 男 –en
チップ	d'Drénkgeld 中
前菜	d'Entrée 女　*d'Entréeën*
びん	d'Fläsch 女 –en
フォーク	d'Forschett 女 –en
ウエイター	de Garçon 男 –en
関連 d'Serveuse 女 –n ウエイトレス
グラス	d'Glas 中　*d'Glieser*
主菜(メインディッシュ)	
	den Haaptplat 男 –en
(男性の)料理人	de Kach 男　*d'Käch*
関連 d'Kächen 女 – (女性の)料理人
スプーン	de Läffel 男 –en
メニュー, セットメニュー(定食)	
	de Menü 男 –en
ナイフ	d'Messer 中 –en
ケーキ屋	d'Pâtisserie 女 –n
席	d'Plaz 女 –en
予約する	reservéieren 動

関連 reservéiert 予約済みの

Haut den Owend hätt ech gär een Däsch reservéieren.
今晩, テーブルを 1 卓予約したいのですが。

予約	d'Reservierung 女 –en
レストラン	de Restaurant 男 –en
コーヒーカップ	d'Taass 女　*d'Tasen*
皿	den Teller 男 –en
無銭飲食, 食い逃げ	
	d'Zechprellerei 女
閉まっている	zou 副

35. スーパー，買い物

買い物をする　　　☆akafen 動

Mir iwwerleeën eis zesummen, wat mir kachen a gi freides akafen.

私たちは何を調理するかを一緒に考えて，金曜日に買い出しに行きます。

買い物袋，ショッピングバッグ

den Akafskuerk 男　*d'Akafskierf*

ショッピングセンター

den Akafszenter 男　*d'Akafszentren*

陳列する　　　☆ausstellen 動

Mir stellen e nei Maschinn op der Foire aus.

私たちは新しい機械を見本市で展示しています。

大売り出し　　　den Ausverkauf 男

同　d'Solden 複

売り切れている　ausverkaaft 形

値札をつける　　☆auszeechnen 動

Mir hu ganz vergiess, nei T-shirten auszuzeechnen.

新しいＴシャツに値札をつけるのをすっかり忘れていました。

安い　　　　　　bëlleg 形

自然食品の店　　de Biobuttek 男 *-er*

無農薬野菜　　　d'Biogeméis 中

商品券　　　　　de Bong 男 *-en*

ポイントカード　d'Clientskaart 女 *-en*

クーポン　　　　de Coupon 男 *-en*

高い　　　　　　déier 形

入荷する　　　☆erakommen 動

Cool USB-Kabellen fir Smartphone sinn nei erakomm.

スマートフォン用の素敵な USB ケーブルが新入荷されました。

79   35. スーパー，買い物

ラベル	d'Etikett 女 *–en*	
(工場で)製造する	fabrizéieren 動	

Déi Computeren ginn zu Lëtzebuerg fabrizéiert.
これらのパソコンはルクセンブルクで製造されました。

蚤の市	de Floumaart 男 *d'Floumäert*	
店	d'Geschäft 中 *–er*	

関連 dat grousst Geschäft デパート

~の金額である ☆kaschten 動

En halleft Pond Téi kascht 350 Gulden, en halleft Pond Kaffi 80 Gulden.
紅茶 0.5 ポンドが 350 グルデンで，コーヒー 0.5 ポンドが 80 グルデンです。

レジ	d'Keess 女 *d'Keesen*
消費者	de Konsument 男 *–en*
クレジットカード	d'Kreditkaart 女 *–en*
見切り品	de Kreemchen 男
棚卸し	den Inventaire 男 *–n*
市場	de Maart 男 *d'Mäert*

関連 de Schwaarzmaart 男 *d'Schwaarzmäert* 闇市

商標，ブランド	d'Marque 女 *–n*
肉屋	de Metzler 男 *–*
価格，物価	de Präis 男 *d'Präisser*
値札	d'Präisschëld 中 *d'Präisschëlter*
生産者	de Produzent 男 *–en*
品質	d'Qualitéit 女 *–en*
レシート	d'Quittung 女 *–en*
(宣伝の)ビラ	d'Reklamm 女 *–en*
割引	d'Remise 女 *d'Remiseën*
特売	de Spezialpräis 男 *d'Spezialpräisser*
バーコード	de Stréchcode 男 *–n*

36. 街・交通　　　　　　　80

スーパーマーケット

de Supermarché 男 –n

付加価値税　　　　　den TVA 男

（男性の）販売員　　de Vendeur 男 –en

同 de Verkeefer 男 –

（女性の）販売員　　d'Vendeuse 女 –n

同 d'Verkeeferin 女 d'Verkeeferinnen

消費期限　　　　　　de Verfallsdatum 男 –en

包装する　　　　　　☆verpaken 動

D'Verkeeferin verpeekt e Cadeau fir Mammendag.
店員が母の日のプレゼントを包装してくれます。

ショッピングカート

de Weechen 男 d'Weenercher

はかり　　　　　　　d'Wo 女 –en

商品，品物　　　　　d'Wuer 女 –en

返品する　　　　　　☆zréckginn 動

D'Maria huet d'Cadeau vun him zréckginn.
マリアは彼からのプレゼントをお店に返品しました。

取り置きする，元の場所に戻す

☆zréckleeën 動

Däerf ech dräi Entréesbilljeeë fir Iech zréckleeën?
皆様のために入場券を３枚お取り置きいたしましょうか？

36. 街・交通

搭乗手続きをする，（ホテルに）チェックインする

☆achecken 動

Wéinst deer falsche Reservatioun konnt ech net achecken.
予約のミスにより，私は搭乗手続きできませんでした。

81　　　　　　　　36. 街・交通

乗車する　　　　　　　☆aklammen 動
　　Virun der Gemeng klëmmt hien an de Bus an.
　　市役所の前で彼はバスに乗車します。

救急車　　　　　　　　d'Amblanz 女 *-en*

入国する　　　　　　　☆areesen 動
　　D'lescht Woch sinn déi iwwer 100 Männer illegal aus
　　Tunesien an Italien agereest.
　　先週，100人以上の若いチュニジア人男性がイタリアに不法入国しました。

到着　　　　　　　　　d'Arrivée 女 *d'Arrivéeën*

運休する　　　　　　　☆ausfalen 動
　　Wéint de staarke Reen fält den Zuch aus.
　　強い雨のため，その列車は運休しています。

出国する　　　　　　　☆ausreesen 動
　　Zënter lescht Joer si 700 Islamisten aus Däitschland
　　ausgereest.
　　昨年より700人のイスラム原理主義者がドイツから出国しました。

車　　　　　　　　　　den Auto 男 *-en*
　　関連 deen automateschen Auto オートマチック車
　　　　　den Auto mat Handschaltung マニュアルミッション車
　　　　　dee gelounten Auto *déi gelount Autoen* レンタカー

交通事故　　　　　　　den Autoaccident 男 *-er*

高速道路　　　　　　　d'Autobunn 女 *-en*

ガソリン　　　　　　　de Bensin 男 同 de Benzin 男

ガソリンスタンド　　　d'Bensinsstatioun 女 *-en*
　　　　　　　　　　　同 d'Tankstell 女 *-en*

乗車券　　　　　　　　d'Billjee 女 *d'Billjeeën*
　　関連 d'Kaart fir e ganze Mount 一ヶ月定期券

橋　　　　　　　　　　d'Bréck 女 *-en*

ブレーキ　　　　　　　d'Brems 女 *-en*

ブレーキをかける

36. 街・交通　　82

☆bremsen 動

De BMW huet virun der Kräizung net gebremst.

その BMW は交差点の手前でブレーキをかけていませんでした。

| 鉄道，電車 | d'Bunn 女 -en |
| バス | de Bus 男 d'Bussen |

関連 de Reesbus 男 d'Reesbussen 観光バス

バス停　　　　　　　de Busarrêt 男 -en

関連 den Arrêt vum Tram 路面電車の停留所

（関税・税金を）申告する

deklaréieren 動

Wann een iwwert dëser Zomm ass, da muss een et deklaréieren.

もしこの合計を超えるならば，それを申告しなければなりません。

トラック	de Camion 男 -en
出発	den Depart 男 -en
税関，関税	d'Douane 女
ゴミ収集車	den Dreckswon 男 d'Drecksween
かど	den Eck 男 -en
片道の	einfach 形

関連 hin an zeréck 往復の

鉄道路線　　　　　　d'Eisebunnsstreck 女 -en

乗り換える　☆ëmklammen 動

Bis op Arel muss ee eemol ëmklammen.

アルロンまでは 1 回乗り換えなくてはなりません。

脱線する　☆entgleisen 動

Kuerz virun der Gare zu Lëtzebuerg ass en Zuch entgleist.

ルクセンブルク駅の少し手前で列車が脱線しました。

（乗車券に）入鋏する

☆entwäerten 動

Billjeeë gëllen nëmme wann se bei den installéierten

Automaten op de Garen, Quai'en oder an de Bussen
entwäert gi sinn.

乗車券は駅やプラットホーム，バスの車内に設置された自動改札機
で入鋏されたもののみが有効です。

下車する　　　　　☆erausklammen 動

Ech klamme virun der Schoul aus dem Bus eraus.

私は学校の前でバスを降ります。

時刻表　　　　　　de Fahrplang 男　*d'Fahrpläng*

　関連　nom Fahrplang / dem Fahrplang no 時刻表通りの

フェリー　　　　　d'Fär 女 *-en*

郊外　　　　　　　de Faubourg 男 *-en*

飛行機　　　　　　de Fliger 男 *-en*

空港　　　　　　　d'Fluchhafen 女　*d'Fluchhäfen*

離陸する　　　　　☆fortfléien 動

D'lescht Joer sinn 50.000 Leit vu Shirahama aus
fortgeflunn.

昨年は5万人が白浜空港から飛び立った。

歩行者　　　　　　de Foussgänger 男 *–*

　関連　d'Foussgängerzon 女 *-en* 歩行者天国

(車を)運転する，(乗り物で)行く

　　　　　　　　　☆fueren 動

　関連　viru(n) fueren 前進する　hannerzeg fueren バックする

Ech fuere BMW an meng Fra fiert Toyota.

私はBMW車に，妻はトヨタ車に乗っています。

小道　　　　　　　d'Gaass 女 *-en*

駅　　　　　　　　d'Gare 女 *-n*

危険な　　　　　　geféierlech 形

(駅の)プラットホーム番号

　　　　　　　　　d'Gleis 中 *-er*

切符売り場　　　　de Guichet 男 *-en*

港　　　　　　　　den Hafen 男　*d'Häfen*

36. 街・交通　　　84

ハンドブレーキ	d'Handbrems 女 *-en*
ハイブリッドカー	den Hybridauto 男 *-en*
快適な	kammoud 形
壊れた	kapott 形 同 kabott, futti

関連 futtifueren 壊れる

カーブ	d'Kéier 女 *-en*
車掌	de Kontroller 男 *-en*
交差点	d'Kräizung 女 *-en*
近距離区間	déi kuerz Stréck 女 *-en*
クラッチ	d'Kupplung 女 *-en*
着陸する	☆landen 動

Wéint dem Stuerm kënnen d'Fliegeren net landen.
嵐のために飛行機は着陸できません。

アイドリング	de Leerlaf 男
路線	d'Linn 女 *-en*
ゆっくりとした	lues 形
地下鉄	de Metro 男 *-en*

関連 d'Metrostatioun 女 *-en* 地下鉄の駅

(車の)トランク	d'Moll 女 *-en*
エンジン	de Motor 男 *-en*

関連 de Motor umaachen エンジンをかける
　　　de Motor ausmaachen エンジンを切る

バイク	d'Motorrad 女 *d'Motorrieder*
エンジン故障	de Motorschued 男 *d'Motorschied*
エンジンオイル	de Motorueleg 男 *-er*
曲がる	☆ofbéien 動

Un der nächst Kräizung béie mer no riets.
次の交差点で右に曲がります。

出発する	☆offueren 動

Wa fiert d'Zuch op Miersch op?
メルシュ行きの電車はいつ発車しますか？

中古車	d'Okkasioun 女 –en
公園	de Park 男 –en
駐車する	parken 動

Virun der Entrée vun engem Supermarché parkt een dee roude Auto.

スーパーの入り口の前に赤い車を停めている人がいます。

駐車禁止	de Parkenverbuet 男
駐車場	d'Parkplaz 女 –en
パスポート	d'Pass 男 *d'Päss*
乗客	de Passagéier 男 –
(車の)タイヤ	de Pneu 男 –en

関連 de Platten 男 *d'Platter* (タイヤの)パンク

パトカー	de Policeauto 男 –en
	同 de Polizeiauto 男 –en
検問	d'Polizeikontroll 女 –en
消防車	de Pompjeesauto 男 –en
便利な	praktesch 形
検疫	d'Quaarntän 女
プラットホーム	de Quai 男 –en
バックミラー	de Réckspigel 男 –en

関連 dee baussenzege Spigel 男 *déi baussenzeg Spigelen* サイドミラー　déi viischt Glace 女 –n フロントガラス

割引	d'Reduktioun 女 –en
往復乗車券	de Retoursbilljee 男 *d'Retoursbilljeeën*
	同 den Aller-Retour 男 –en
行き先	d'Richtung 女 –en
	同 d'Direktioun 女 –en
信号機	déi rout Luucht 女 –en
待合室	de Salle d'attente 男 *d'Salle d'attenten*
船	d'Schëff 女 –er

36. 街・交通　　　86

線路	d'Schinn	女 _–en_
寝台車	de Schlofwon	男　_d'Schlofween_
	同　de Wago-lit	男 _–en_

無賃乗車をする　☆schwaarzfueren 動

De Student fiert dacks vun Tokyo bis op Osaka schwaarz.
その学生は東京から大阪までよく無賃乗車しています。

一方通行	de Sens unique	男　_d'Sens uniquen_
路側帯	d'Standspur	女 _–en_
交通渋滞	de Stau	男 _–en_
ハンドル	d'Steierrad	中　_d'Steierrieder_
	同　de Volont	男 _–en_
坂道(上り坂)	d'Steigerung	女 _–en_

関連　d'Descente 女 _–n_ 坂道(下り坂)

通り	d'Strooss	女 _–en_
街路照明	d'Stroossebeliichtung	女
給油する	tanken	動

Tanken mer op der Tankenstatioun do.
あそこのガソリンスタンドで給油しましょう。

タクシー	den Taxi	男 _–en_
路面電車	den Tram	男　_d'Trammen_
トンネル	den Tunnel	男　_d'Tunnellen_
到着する	☆ukommen	動

Mäi Fränd ass um Dënschdeg um Findel ukomm.
友人が火曜日にフィンデル空港に到着しました。

自転車	de Velo	男 _–en_
(交通の)接続	d'Verbindung	女 _–en_
交通	de Verkéier	男　_d'Verkéiersschëlter_
交通標識	de Verkéiertsschëld	中
乗り遅れる	☆verpassen	動

Déi al Fra huet de Bus verpasst.
その老婦人はバスに乗り遅れました。

遅れる ☆sech verspéiden 動

D'Zuch verspeit sech 5 Minutten.
列車は 5 分遅れています。

入国ビザ de Visa 男 *d'Visaen*
スピード d'Vitesse 女 *-n*

関連 d'Vitessekontroll 女 *-en* スピード違反取り締まり

道 de Wee 男 *d'Weeër*
示す ☆weisen 動

D'Schëld weist d'Direktioun op Paräis.
標識がパリへの方向を示しています。

車，(鉄道の)車両 de Won 男 *d'Ween*
横断歩道 den Zebrasträif 男 *-en*
目的，目的地 d'Zil 中 *-er*
列車 den Zuch 男 *d'Zich*

関連 de Schnellzuch 女 *d'Schnellzich* 快速電車

37. 美容院

(髪を)セットする coifféieren 動

Dir wëllt gutt a séier coifféiert ginn?
素早く素敵にセットしてほしいですか？

美容師 de Coiffer 男 *-en*
美容院 de Coiffersalon 男 *-en*
化粧クリーム d'Crème 女 *-n*
化粧落とし den Demaquillant 男 *-en*
マニキュア落とし den Dissolvant 男 *-en*
(爪を)磨く，推敲する

feilen 動

Owes feilen ech mech d'Fangerneel.
毎晩私は爪を磨いています。

37. 美容院　　　　　　　　88

（髪を）染める，色をつける

☆fierwen 動

Bei der Coiffeuse hunn ech mir d'Hoer fierwe looss.
私は美容院で髪を染めてもらった。

ドライヤー　　　　　de Föhn 男 –en

ドライヤーをかける

föhnen 動

Hie föhnt sech iwwerhaapt net d'Hoer.
彼は決してドライヤーをかけようとしません。

カールした，巻き毛の

gekrauselt 形

化粧水　　　　　　　d'Gesiichtswaasser 中

ヘアーエクステンション

d'Hoerverlängerung 女 –en

（髪を）梳かす　　　kämmen 動

Du musst emol däi Kand kämmen.
一度，お子さんの髪をといてあげなさい。

くし　　　　　　　　de Kamp 男　　d'Kämm

つけまつげ　　　　　déi kënschtlech Wimperen 複

巻き毛，カールした髪

d'Krausel 女 –en

マニキュアを塗る　　lakéieren 動

Zënter d'lescht Joer lakéieren ech mech d'Neel.
1 年前から私はマニキュアを塗っています。

口紅　　　　　　　　de Lëppestëft 男 –er

化粧品　　　　　　　de Make-up 男

マニキュア　　　　　d'Manikür 女 –en

爪ブラシ　　　　　　d'Neelbiischt 女 –en

爪やすり　　　　　　d'Neelfeil 女 –en

香水　　　　　　　　de Parfum 男 –en

化粧品店	d'Parfümerie 女 –n
かつら	d'Parréck 女 –en
	同 d'Perréck 女 –en
ペディキュア	d'Pedicure 女 –n
パーマ	d'Permanente 女 –n
ポマード	d'Pommad 女 –en
チーク，頬紅	de Rouge 男
化粧をする	sech schminken 動

All Dag schminkt sech déi al Damm am Zuch.

毎日その年配の女性は電車の中で化粧をしています。

| (髪を)切る | ☆schneiden 動 |

No dem Mëttegiesse loosse ech mech d'Hoer schneiden.

昼食後，髪を切ってもらいます。

石鹸	d'Seef 女 –en
シャンプー	de Shampoing 男 –en
綿棒	de Wattbengelchen 男
	d'Wattbengelcher

38. 文化・芸術

愛好家	den Amateur 男 –en
鮮やかな	anschaulech 形
拍手喝采する	applaudéieren 動

Um Enn stoung d'Leit, fir déi Musiker mat Standing ovation ze applaudéieren.

最後にそのミュージシャンをスタンディングオベーションでたたえようと皆が立ち上がった。

| 素晴らしい | ausgezeechen 形 |
| | 同 exzellent |

38. 文化・芸術   90

展覧会	d'Ausstellung 女 –en
前衛的な	avantgardistesch 形
拍手	de Bäifall 男
バレエ	de Ballet 男 –en
(音楽の)バンド	d'Band 女 –

感激させる，熱狂させる

☆begeeschteren 動

Meng Mamm ass vun engem Schauspiller begeeschtert.
母はある俳優に夢中になっています。

照明	d'Beliichtung 女 –en
有名な	berühmt 形

　関連 weltberühmt 世界的に有名な

舞台	d'Bühn 女 –en
合唱	de Chouer 男　d'Chéier
コンサート	de Concert 男 –en
指揮者	den Dirigent 男 –en
スクリーン	den Ecran 男 –en
開館時間	d'Ëffnungszäiten 複
	同　d'Ouvertureszäiten 複
入場券	den Entréebilljee 男　d'Entréebilljeeën
繊細な	fein 形
休息する	☆sech erhuelen 動

Ech wëlle mech e puer Deeg erhuelen.
何日間かゆっくりと休息しようと思います。

映画	de Film 男 –er

　関連　d'Filmfestspiller 複 映画祭
　　　de Filmproduzent 男 –en 映画製作者

画廊	d'Galarie 女 –n
バイオリン	d'Gei 女 –en
楽しむ	☆genéissen 動

Genéisst Dir Är Vakanz an Italien?

イタリアでのバカンスを楽しんでおられますか？

閉館している	geschlossen 形
ギター	d'Gittar 女 –en
木版画	den Holzschnëtt 男 –er
興味がある	sech interesséieren 動

Ech interesséiere mech fir Konschtgeschicht a fir Dichter.

私は芸術史と詩人について興味があります。

喜劇	d'Kaméidistéck 中 –er
大胆な	kéng 形
芸術的な	kënschtlech 形
芸術家	de Kënschtler 男 –
映画館	de Kino 男 –en
音	de Klank 男 d'Kläng
古典的な	klassesch 形
作曲家	de Komponist 男 –en
(絵を)鑑賞する	kucken 動

An der Galerie hunn ech d'Ausstellung vu mengem Frënd gekuckt.

その画廊で友人の展覧会を見てきました。

文化	d'Kultur 女 –en
文化的な	kulturell 形
歌	d'Lidd 中 –er
(絵を)描く	molen 動

D'Biller si mat kräftege Faarwe gemoolt.

それらの絵は鮮烈な色で描かれています。

画家	de Moler 男 –
絵	d'Molerei 女 –en
	同 den Tableau 男 –en
美術館，博物館	de Musée 男 d'Muséeën

38. 文化・芸術　　　　　　　92

音楽	d'Musek 女 –en
音楽家	de Museker 男 –
楽器	d'Musekinstrument 中 –er
ミュージカル	de Musical 男 –s
オペラ	d'Oper 女 –en
オーケストラ	den Orchester 男 –en
独創的な	originell 形
ピアノ	de Piano 男 –en
ピアニスト	de Pianist 男 –
ポップミュージック	
	d'Popmusek 女
肖像画	de Portrait 男 –en
映画監督，舞台監督	
	de Regisseur 男 –en
ロックミュージック	
	d'Rockmusek 女
収集家，コレクター	
	de Sammler 男 –
歌う	☆sangen 動

Mäin Dram ass, op der Bühne vun der Oper ze sangen.
私の夢はオペラ座の舞台で歌うことです。

歌手	de Sänger 男 –
音響	de Schall 男
俳優	de Schauspiller 男 –

関連 d'Schauspillerin 女 d'Schauspillerinnen 女優

彫刻	d'Skulptur 女 –en
観客	de Spectateur 男 –en
演技	d'Spill 中 –er
才能	d'Talent 女 –en
劇場	den Theater 男 –en

芝居	d'Theaterstéck 中 –er
悲劇	d'Tragedie 女 –n
伝統的な	traditionell 形
デッサンする	☆zeechnen 動

Haut hunn ech gär, am Zëmmer roueg ze zeechnen.
今日は部屋で静かにデッサンをしていたいです。

デッサン	d'Zeechnung 女 –en
アンコール	d'Zugab 女 –en
感動的な	emouvant 形

39. スポーツ

アイスホッケー	den Äishocky 男
バドミントン	de Badminton 男
野球	de Baseball 男
バスケットボール	de Basket 男
ビリヤード	de Billard 男 –en
ボート	d'Boot 中 –er
ボウリング	de Bowling 男
ボクシング	d'Boxen 中
踊る	☆danzen 動

D'Friddenskämpfer danzen daagsiwwer op der Strooss.
平和運動家たちが日中ずっと路上で踊っています。

ダイビングをする	dauchen 動

An der Summervakanz hunn ech gedaucht.
夏休みにダイビングをしてきました。

卓球	den Dëschtennis 男
契約する	engagéieren 動

FC Dordrecht huet e japanesch Spiller engagéiert.

39. スポーツ　　　　　94

FCドルドレヒトはある日本人選手と契約しました。

チーム	d'Equipe 女	*d'Equippen*

関連 d'Nationalequipe 女 *d'Nationalequippen* ナショナルチーム

補欠選手	den Ersatzspiller 男 –	
フェアな	fair 形	
ファン	de Fan 男	*d'Fannen*
フェンシング	d'Fechten 中	
決勝	d'Finale 女	*d'Finallen*

関連 d'Halleffinale 女 *d'Halleffinallen* 準決勝

サッカー	de Fousball 男	

関連 den Terrain 男 *-en* (サッカー場の)ピッチ, グラウンド
de Fousballsspiller 男 – サッカー選手

フリーキック	de Fräistouss 男	*d'Fräistéiss*
勝者	de Gewënner 男 –	

関連 d'Verléierer 男 – 敗者

勝利する	☆gewannen 動	

Kainan FC huet dat wichteg Spill gewonnen.
海南FCが重要な試合に勝利を収めた。

ゴルフ	de Golf 男	
ハンドボール	den Handball 男	
柔道	de Judo 男	
格闘技	de Kampfsport 男	
カヌー	de Kanu 男 *-en*	
キャプテン	de Kapitän 男 *-en*	
空手	de Karate 男	
体操競技	d'Konschtturnen 中	
熱狂的な	leidenschaftlech 形	
陸上競技	d'Liichtathletik 女	
リーグ	d'Liga 女 *-en*	

95   39. スポーツ

マラソン	de Marathon 男
試合	de Match 男 *–en*
モータースポーツ	de Motorsport 男
敗北	d'Nidderlag *–en* 女
観戦する	nokucken 動

Elo kucke mir am Stadion e Fousballspill no.
今，私たちはスタジアムでサッカーの試合を観戦しているところです。

| 引き分け | d'Onentschidden 中 – |
| 公平な | onparteiesch 形 |

関連 parteiesch 不公平な

プロの	professionell 形
ラグビー	de Rugby 男
審判	de Schiidsriichter 男 –
スケート	de Schlittschong 男

関連 den Äiskonschtlaf 男 フィギュアスケート
　　　den Äisschnelllaf 男 スピードスケート

惜しい，残念な	schued 形
プール	d'Schwämm 女 *–en*
泳ぐ	☆schwammen 動

Meng Duechter schwëmmt gär an der Schwamm.
私の娘はプールで泳ぐのが好きです。

| スキー | de Ski 男 |
| | 同 de Schi 男 |

関連 den Alpenschi 男 アルペンスキー
　　　d'Skigebitt 中 *d'Skigebidder* スキー場

（球技を）する，遊ぶ，（楽器を）演奏する
　　　　　　　　　spillen 動

Mäi Papp spillt gär Golf, awer net gutt.
私の父はゴルフが好きですが，上手ではありません。

| 選手 | de Spiller 男 – |
| スポンサー | de Sponser 男 *–en* |

39. スポーツ　　　　　　96

スポーツ	de Sport 男
スポーツクラブ	de Sportsverräin 男 –er
スタジアム	de Stadion 男 –en
サーフィンをする	surfen 動

Zënter hien op Miyazaki geplënnert ass, huet hien ze
surfen ugefaangen.

彼は宮崎に引っ越してからサーフィンを始めました。

テニス	den Tennis 男

関連　　d'Raquette 女 –n テニスラケット
　　　　den Tennisball 男 d'Tennisbäll テニスボール
　　　　den Tennisterrain 男 –en テニスコート

トレーニングをする	trainéieren 動

An der Nosaison trainéiert hie ganz rar.

彼はシーズンオフには滅多にトレーニングをしません。

(チームの)監督	den Trainer 男 –en
トレーニング	den Training 男 –en
ユニフォーム	den Tricot 男 –en
体育，体操	d'Turnen 中
激励する	ufeieren 動

同　　encouragéieren

Déi zwou equippen goufe vun hire jeweillige Supporter
mat Trommelen ugefeiert.

両チームはそれぞれのサポーターから太鼓の音で激励された。

自転車競技	de Vëlosport 男
負ける	verléieren 動

An der Finale verléiert Miersch SV géint Bayern
München.

決勝戦でメルシュ SV はバイエルンミュンヘンに敗北しました。

勝利	d'Victoire 女 –n
予選	d'Virronn 女 –en
バレーボール	de Volleyball 男

芝生 de Wues 男

40. IT

オペレーションシステム
　　　　　　　de Betribssystem 男
画面，ディスプレイ
　　　　　　　de Bildschierm 男 −er
絵文字　　　　　d'Billerschrëft 女 −en
　　　　　同　den Emoji 男 −s
コンピュータ，パソコン
　　　　　　　de Computer 男 −en
ダウンロード　　den Download 男
ダウンロードする　downloaden 動
　　Dir kënnt hei den neie Flyer downloden.
　　ここで新しいチラシをダウンロードできます。
プリンタ　　　　den Drucker 男 −en
ネット検索する　googelen 動
　　Ech hunn den Dicks gegoogelt.
　　私はディックスについてネット検索してみました。
ハッキングする　hacken 動
　　De System vun engem Geschäft gouf gehackt.
　　ある会社のシステムがハッキングされました。
インストールする　installéieren 動
　　Windows 10 kann och installéiert ginn.
　　Windows 10 もインストール可能です。
インターネット　den Internet 男
　　関連　am Internet surfen ネットサーフィンをする
クリックする　klicken 動
　　Klickt Dir op der Landkaart wann ech gelift.

40. IT　　　　　　　98

　　地図をクリックしてください。

マウス	d'Maus 女 *d'Mais*
パスワード	d'Passwuert 中 *d'Passwierder*
解像度	d'Resolutioun 女
スキャナ	de Scanner 男 *–en*
スマートフォン	de Smartphone 男 *–n*
保存する	späicheren 動

Ech hu ganz vergiess, d'Dateien ze späicheren.
私はそのデータを保存するのをすっかり忘れていました。

| 充電ケーブル | Starthëllefekabel 男 *–en* |
| 同期する | syncroniséieren 動 |

Dir kënnt d'Verzeechnisser auswielen, déi automatesch solle syncroniséiert ginn.
自動的に同期されるものを選択することができます。

タブレット端末	den Tablet 男 *d'Tabletten*
キーボード，鍵盤	d'Tastatur 女 *–en*
アップデート	den Update 男
アップグレード	den Upgrade 男
ウェブサイト	d'Websäit 女 *–en*
（画面サイズを表す）インチ	
	den Zoll 男

41. 読書・趣味

アニメ	den Anime 男
自伝	d'Autobiografier 女 *-n*
図書館	d'Bibliothéik 女 *-en*
伝記	d'Biografie 女 *-n*
本	d'Buch 中 *d'Bicher*

関連 d'Fachbuch 中 *d'Fachbicher* 実用書

ディスコ	d'Diskothéik 女 *-en*

読破する，読み通す

☆duerchliesen 動

関連 bliederen（本などを）パラパラとめくる

**Ech hunn de Roman, dee méi wéi 500 Säiten huet,
duerchgelies.**
私は 500 ページ以上あるその小説を読破しました。

ファンタジー	d'Fantasie 女 *-n*
釣りをする	fëschen 動

関連 d'Aangel 女 *-en* 釣り

d'Fëschrutt 女 *d'Fëschrudden* 釣り

Bei dësem Floss konnt ee an der Zäit Éilë fëschen.
かつてこの川ではうなぎが釣れました。

熱狂的ファン，オタク

	de Freak 男 *-en*
詩	d'Gedicht 中 *-er*
趣味	den Hobby 男 *-en*
トランプ	d'Kaartespill 中 *-er*

クロスワードパズル

	d'Kreuzworträtsel 中 *-en*
推理小説	de Krimi 男 *-en*

恋愛小説	de Liebesroman 男 –er
しおり	d'Lieszeechen 中 –
物語	d'Märchen 中 *d'Märcher*
マンガ	d'Manga 女 –
オリジナルの	original 形
パーティー	d'Party 女 –en
ジグソーパズル	de Puzzle 男 *d'Puzzelen*
クイズ	de Quiz 男 –en
小説	de Roman 男 –er
関連 den historesche Roman 歴史小説	
(本の)ページ	d'Säit 女 –en
チェス	de Schach 男
編み物をする	strécken 動

Seng Goussmamm stréckt de ganzen Dag.
彼の祖母は一日中編み物をしています。

ハイキング	den Trëppeltour 男 *d'Trëppeltier*
テレビゲーム	d'Videospill 中 –er
作品	d'Wierk 中 –er

42. 旅行

大使館	d'Ambassad 女 –en
キャンセルする	annuléieren 動

Bei schlechtem Wieder gëtt de Floumaart annuléiert.
悪天候のため、蚤の市はキャンセルされました。

荷造りをする	☆apaken 動
関連 auspaken 荷ほどきをする	

D'Kanner paken d'Kleeder an de Wallissen an.
子供たちは衣類をスーツケースに詰め込んでいます。

外国　　　　　　　　d'Ausland 中

(ホテルを)チェックアウトする

　　　　　　　　　　auschecken 動

　関連　achecken (ホテルに)チェックインする

　Muer mussen ech bis siwen Auer auschecken.
　明日私は7時までにチェックアウトをしなければなりません。

外国人に優しい　　auslännerfrëndlech 形

訪問する　　　　　☆besichen 動

　Dacks besichen ech d'Institut zu Miersch.
　しばしば私はメルシュのその研究所を訪れます。

滞在する，とどまる

　　　　　　　　　　☆bleiwen 動

　E Joer laang bleiwen ech fir d'Fuerschung zu
　Lëtzebuerg.
　1年間，研究のためにルクセンブルクに滞在します。

パンフレット　　　d'Broschür 女 –en

キャンプ　　　　　de Camping 男 –er

カジノ　　　　　　de Casino 男 –en

チャーター便　　　de Charterfluch 男　*d'Charterflich*

長期休暇　　　　　de Congé 男 –en

　　　　　　　　　同　d'Vakanz 女 –en

記念日　　　　　　d'Denkmal 中　*d'Denkmäler*

　　　　　　　　　同　d'Monument 中 –er

背負う，運ぶ，身につける

　　　　　　　　　　☆droen 動

　Komm, ech hëllefen der deng Walissen droen.
　おいで。スーツケースを運ぶのを手伝ってあげるよ。

シャワー　　　　　d'Dusch 女 –en

シングルルーム　　d'Eenzelzëmmer 中 –en

　関連　d'Duebelzëmmer 中 – ダブルルーム

サイン　　　　　　d'Ënnerschrëft 女 –en

42. 旅行　　　　102

思い出	d'Erënnerung 女 –en
荷物	d'Gepäck 中
	同 de Baggage 男 –n
案内人，観光ガイド，旅行ガイドブック	
	de Guide 男 –n
2 食付き	d'Hallefpensioun 女 –en
ホテル	den Hotel 男　d'Hotellen
国内	d'Inland 中
宿泊する	☆iwwernuechten 動

　Mir hunn eng Woch am Hotel zu Waasserbëlleg
　iwwernuecht.
　私たちは1週間ヴァッサービリヒのホテルに宿泊しました。

ユースホステル	d'Jugendherberg 女 –en
滞在	den Openthalt 男 –er
ペンション	d'Pensioun 女 –en
泉，噴水	de Pëtz 男 –er
関連 de Sprangbur 男 –er 噴水	
計画	de Plang 男　d'Pläng
休憩する	raschten 動

　Bass du net midd? Raschte mer an engem Café.
　疲れてないかい？ カフェで休憩しよう。

ホテルフロント	d'Receptioun 女 –en
旅行代理店	de Reesbüro 男 –en
旅行する	reesen 動

　Mäi Mann reest gär mam Zuch.
　私の夫は鉄道旅行が大好きです。

案内所	de Renseignement 男 –er
リュックサック	de Rucksak 男　d'Rucksäck
城	d'Schlass 中　d'Schlässer
寝袋	de Schlofsak 男　d'Schlofsäck

土産	de Souvenir 男 –en	
市街地図	de Stadplang 男	d'Stadpläng
像	d'Statu 女 –en	
免税の	steierfräi 形	
小旅行，遊覧，ツアー		
	den Tour 男	
観光客	den Tourist 男 –en	
塔	den Tuerm 男	d'Tierm
申し込む	☆sech umellen 動	

関連 d'Formular 中 –en 申込用紙

Mir sinn als Grupp fir déi Tour ugemellt.
私たちはグループでそのツアーに申し込みました。

スーツケース	d'Wallis 女	d'Walissen
世界遺産	d'Weltierschaft 女 –en	
両替する	wiesselen 動	

D'Fra wëll een Euroschein vu 500 Euro wiesselen.
その女性は 500 ユーロ紙幣を両替しようとしている。

戻ってくる，戻る　　☆zréckkommen 動

Hien ass virun e puer Stonnen aus dem Pakistan zréckkomm.
彼は数時間前にパキスタンから戻ってきました。

43. 天気・気候

雷が鳴る　　　　　donneren 動

Wann et donnert am November, da schléift de Bauer gutt.
11 月に雷が鳴ると，農家はよく眠れます。

湿度	d'Fiichtegkeet 女	
凍える	☆fréieren 動	

43. 天気・気候　　　104

Ech zéien ee Mantel. Hënt fréiert et.
コートを羽織ろう。今晩は寒くなる。

暑い	gliddeg 形	
暑さ	d'Hëtzt 女	
寒い	kal 形	
寒さ	d'Keelt 女	
涼しい	kil 形	
気候	de Klima 男	
雹	d'Knëppelsteng 複	
	同 d'Klëppelsteng 複	
やわらかい風	d'Lëftchen 中	
風のある	lëfteg 形	
気温	d'Lofttemparatur 女 –en	
天気予報	d'Meteo 女	
霧	den Niwwel 男	
霧がかかっている	niwweleg 形	
雨	de Reen 男	
雨が降る	reenen 動	

An dësem Summer reent et seelen.
この夏は滅多に雨が降りません。

雨雲	d'Reewollek 女 –en	
にわか雨	d'Schauer 女 –en	
	同 de Schluet 男 *d'Schliet*	
蒸し暑い	schmeier 形	
雪	de Schnéi 男	
雪が降る	schneien 動	

Dobausse schneit et. Ech liesen e Roman am Zëmmer.
外は雪が降っている。部屋の中で小説でも読んでおこう。

吹雪	de Schnéistuerm 男 *d'Schnéistierm*	
日が照っている	sonneg 形	

嵐	de Stuerm 男	*d'Stierm*
竜巻	den Tornado 男 *–en*	
暖かい	waarm 形	
風	de Wand 男	
天気	d'Wieder 中	
気象衛星	de Wiedersatellit 男	*d'Wiedersatellitten*
雲	d'Wollek 女 *–en*	
曇っている	wollekeg 形	

44. 地理・自然

地球, 土	d'Äerd 女	
地震	d'Äerdbiewen 中 –	
アフリカ	Afrika 中	
眺め	d'Aussiicht 女 *–en*	
小川	d'Baach 女 *–en*	
森	de Bësch 男 *–en*	
山	de Bierg 男 *–er*	
関連 den Äisbierg *–er* 男 氷山		
火事	de Brand 男	
谷, 渓谷	den Dall 男	*d'Däller*
村	d'Duerf 中	*d'Dierfer*
環境	d'Ëmwelt 女	
赤道	den Equator 男	
氷河	de Gletscher 男 *–en*	
首都	d'Haaptstad 女	*d'Haaptstied*
半島	d'Hallefinsel 女 *–en*	
丘	den Hiwwel 男 *–en*	
島	d'Insel 女 *–en*	

44. 地理・自然　　　　106

海岸	d'Küst 女 –en
	同 d'Côte 女 –n
国	d'Land 中 *d'Länner*
風景	d'Landschaft 女 –en
空気	d'Loft 女
海	d'Mier 中 –er
関連 den Ozean 男 –en 大洋	
月	de Mound 男
モーゼル川	d'Musel 女
北極	den Nordpol 男
関連 de Südpol 男 南極	
オセアニア	Ozeanien 中
太平洋	de Pazifik 男
関連 den Atlantik 男 大西洋	
ライン河	de Rhäin 男
ザウアー川	d'Sauer 女
関連 de Sauerdall 男 ザウアー渓谷	
湖	de Séi 男 –en
太陽	d'Sonn 女 –en
街	d'Stad 女 *d'Stied*
星	de Stär 男 –en
石	de Steen 男 *d'Steng*
浜辺	de Strand 男 同 d'Plage 女 –n
アルゼット渓谷	den Uelzechtdall 男
原生林	den Urwald 男 *d'Urwälder*
火山	de Vulkan 男 –er
滝	de Waasserfall 男 *d'Waasserfäll*
池	de Weier 男 –en
波	d'Well 女 –en
宇宙	de Weltraum 男

関連 d'Rakéit 女 –en ロケット
d'Raumstatioun 女 –en 宇宙ステーション

砂漠 d'Wüst 女 –en

45. 動物・植物

枝 den Aascht 男 d'Äscht
サル den Af 男 –en
ワシ den Alder 男 –
噛む，噛みつく ☆bäissen 動
 Oppassen, wann ech gelift! Mäin Hond bäiss.
 気をつけてください。私の犬は噛む癖があります。
木 de Bam 男 d'Beem
ミツバチ d'Béi 女 –en
タンポポ d'Bettseechesch 女
クマ de Bier 男 –en
葉 d'Blat 中 d'Blieder
花が咲く ☆bléien 動
 関連 verbléien しおれる
 Am Gaart bléie vill schéin Tulpen.
 庭に美しいチューリップがたくさん咲いています。
花 d'Blumm 女 –en
花束 de Bouquet 男 –en
（鳥が卵を）抱く bréien 動
 D'Vigel bréien op der Wiss.
 鳥たちは芝の上で卵を抱いています。
キク d'Chryanthème 女 –n
トゲ den Dar 男 d'Dären
ハト d'Dauf 女 d'Dauwen

45. 動物・植物　　　108

動物	d'Déier 中 –en
イルカ	den Delfin 男 –en
龍	den Draach 男 –en
トカゲ	d'Eidechs 女 –en
ゾウ	den Elefant 男 –en
孵化する	☆erauskommen 動

Kenns du, datt d'Schnieweldéieren aus dem Ee
erauskommen?

カモノハシは卵から生まれるって知っているかい？

タカ	de Fallek 男 –en
キジ	de Fasan 男 –en
(家畜に)エサをやる	fidderen 動

Mueres fidderen ech d'Véi mat Hee.

毎朝私は家畜にエサを与えています。

| カエル | de Fräsch 男 –en |
| (動物が)エサを食べる | ☆friessen 動 |

Et kléngt no engem geckegen Experiment – sech lieweg
vun enger Anakonda friessen ze loossen.

生きたままアナコンダに飲まれるだなんて，馬鹿げた実験に思われ
ます。

(家畜の)餌	d'Fudder 中
キツネ	de Fuuss 男　　d'Fiiss
ガチョウ	d'Gäns 女 –en
ヤギ	d'Geess 女 –en
家禽	d'Gefligel 中
キリン	d'Giraff 女 –en
スズメバチ	d'Harespel 女 –en
干草	d'Hee 中

家畜の番をする，子守する

109   45. 動物・植物

☆hidden 動

D'Kanner hidden haut d'Schlof.

今日は子供達が羊の番をしています。

シカ	den Hirsch 男 *–en*
犬	den Hond 男 *d'Hënn*
鶏	d'Hong 女 *d'Hénger*
	関連 den Hunn 男 *–en* 雄鶏
野ウサギ	den Hues 男 *–en*
	関連 d'Kannéngchen 中 *d'Kannéngercher* カイウサギ
昆虫	d'Insekt 中 *–en*
アヒル	d'Int 女 *–en*
ゴキブリ	d'Kakelak 女 *–en*
サボテン	de Kaktus 男 *d'Kaktussen*
猫	d'Kaz 女 *–en*
カブトムシ	de Kiewelek 男 *–en*
サクラ	de Kiischtebam 男 *d'Kiischtebeem*
つぼみ，芽	de Knapp 男 *d'Knäpp*
ワニ	d'Krokodil 中 *d'Krokodillen*
カラス	de Kueb 男 *–en*

栽培する，耕作する

☆kultivéieren 動

Ech wëll hei Raps kultivéieren, fir Biodiesel draus ze maachen.

バイオディーゼルを生産するために私はここで菜種を栽培しようと思います。

ライオン	de Léiw 男 *–en*
トンボ	d'Libel 女 *–en*
ユリ	d'Lilie 女 *–n* 同 d'Liljen 女 *–*
ネズミ	d'Maus 女 *d'Mais*
蚊，ハエ	d'Méck 女 *–en*

45. 動物・植物　　　　　110

コケ	d'Mooss	中
貝	d'Muschel	女 –en
サイ	d'Nashorn	中 *d'Nashörner*

(植物に)水をやる

☆nätzen 動

Dobaussen reent staark. Haut brauch een net Blummen
nätzen.

外では激しく雨が降っています。今日は花に水をやる必要はありません。

カバ	d'Nilpäerd	中 –
馬	d'Päerd	中 –
パンダ	de Panda	男 –en
チョウ, ガ	de Pimpampel	男 –en
ペンギン	d'Pinguinen	複
植物	d'Planz	女 –en
牛	d'Rand	中 *Ranner / d'Rënner*

　関連　d'Kou 女 *d'Kéi* 雌牛　de Steier 男 –en 雄牛
　　　　d'Kallef 中 *d'Kaalwer* 子牛

ミミズ	de Reewuerm	男 *d'Reewierm*
バラ	d'Rous	女 –en

(動物が水などを)飲む

☆saufen 動

D'Papp gëtt dem Hond ze saufen.

父は犬に水を飲ませています。

カメ	d'Schildkröt	女 –en
ヘビ	d'Schlaang	女 –en
ツバメ	d'Schmuebel	女 –en
	同　d'Schmuelef	女 –en
	/ d'Schmuewel	女 –en
カタツムリ	de Schneek	男 –en

111 　　　　　　　　　45. 動物・植物

| 羊 | d'Schof 中 – |

関連 d'Lämmchen 中 *d'Lämmercher* 子羊

(鳥・昆虫などの)群れ

de Schwaarm 男 *d'Schwäerm*

| 豚 | d'Schwäin 中 – |

関連 de Béier 男 – 雄豚　d'Sau 女 *d'Sai* 雌豚

白鳥	de Schwan 男 *–en*
尻尾	de Schwanz 男 *d'Schwänz*
アリ	d'Seechomes 女 *d'Seechomessen*
種を蒔く	séien 動

Am Summer séien ech d'Muerten.
夏に人参の種まきをします。

アザラシ	de Séihond 男 *d'Séihënn*
種子	de Som 男
ヒマワリ	d'Sonneblumm 女 *–en*
クモ	d'Spann 女 *–en*
スズメ	de Spatz 男 *–en*
家畜小屋	de Stall 男 *d'Ställ*
茎	de Still 男 *–er*

(牛などの)乳を絞る

☆sträichen 動

Scho mueres fréi hunn ech gehollef d'Kéi sträichen.
毎朝早くから牛の乳搾りを手伝いました。

| トラ | den Tiger 男 *–en* |

(動物や家畜の)群れ

den Trap 男 *d'Träpp*

| チューリップ | d'Tulp 女 *–en* |
| 家畜，(飼っている)牛 | |

d'Véi 中

| 鳥 | de Vugel 男 *d'Vigel* |

46. 経済 112

アサガオ	d'Wann 女 *-en*
冬眠	de Wanterschlof 男
オオカミ	de Wollef 男 *d'Wëllef*
根	d'Wuerzel 女 *-en*
シマウマ	den Zebra 男 *-en*
実った	zeideg 形
飼育する，養殖する，栽培する，品種改良する	
	züchten 動

Mäi Frënn ziicht um Land Rousen.
私の友人は田舎でバラを栽培しています。

動物園	den Zoo 男 *-en*
	同 d'Déieregaart 女 *d'Déieregäert*

46. 経済

（お金を）払い込む，預け入れる

☆abezuelen 動

Ech muss haut 100 Euro op säi Kont abezuelen.
私は今日彼の口座に100ユーロ払い込まなければならない。

収入，所得	d'Akommes 中 *d'Akommen*
	同 de Revenu 男 *-en*
株	d'Aktie 女 *-n*
関連 den Aktiecours 男 *-en* 株価	
株式会社	d'Aktiegesellschaft 女 *-en*
	同 d'SA 女 *-en*
ATM	de Bancomat 男 *-en*
銀行	d'Bank 女 *-en*
バロメーター	de Barometer 男 *-en*
公害	d'Ëmweltverschmotzung 女

113　　　　　　　　　　　　　　　　　46. 経済

発展	d'Entwécklung 女 –en	
倒産	d'Faillite 女	d'Faillitten
金融上の，財政上の		
	finanziell 形	
お金	d'Geld 中 –er	
	同 d'Suen 複	
不動産	den Immeubel 男 –en	
産業	d'Industrie 女 –n	
インフレーション	d'Inflatioun 女 –en	
関連 d'Deflatioun 女 –en デフレーション		
投資する	investéieren 動	

De Räich huet seng enorm Zomm an d'Firma investéiert.
富豪はその会社に莫大な資金を投資した。

投資	d'Investitioun 女 –en	
資本主義	de Kapitalismus 男	
支出	d'Käschten 複	
共産主義	de Kommunismus 男	
関連　de Kommunist 男 –en 共産主義者		
景気	d'Konjunktur 女 –en	
銀行口座	de Kont 男 –en	
関連　de Spuerkont 男 –en 預金口座		
契約(書)	de Kontrakt 男 –er	
需要	d'Nofro 女	
関連　d'Offer an d'Demande 需要と供給		
(口座からお金を)　引き出す		
	☆ophiewen 動	

Ech ka Suen vun der Bank net ophiewen.
銀行からお金が引き出せません。

(口座を)開く，開業する

　　　　　　☆opmaachen 動

47. 政治・社会　　　　114

De Mann mécht e Kont bei enger Bank op.
その男性はある銀行で口座を開きます。

賃金	d'Pai 女 –en
物価	d'Präisser 複
過程	de Prozess 男 –er
未払金	de Réckstand 男　d'Réckstänn
貯蓄銀行	d'Spuerkeess 女　d'Spuerkeesen
鉄鋼産業	d'Stolindustrie 女
期限	den Termin 男 –er
保険	d'Versécherung 女 –en
	同　d'Assurance 女 –n
通貨	d'Währung 女 –en
経済	d'Wiertschaft 女
	同　d'Economie 女
経済危機	d'Wirtschaftkris 女 –en
経済の	wirtschaftlech 形
	同　economesch
利子	den Zëns 男 –en

47. 政治・社会

召集する　　　　　☆aberuffen 動
D'LSAP huet fir den 21. Juli e Generalrot aberuff.
　LSAP(ルクセンブルク社会労働者党)は7月21日に総評議会を召
　集しました。

軍隊，陸軍	d'Arméi 女 –en
関連　d'Marine 女 d'Marinnen 海軍	
バリケード	d'Barrrkad 女 –en
罰金	d'Bouss 女 –en

47. 政治・社会

（国・自治体の）予算

de Budget 男 –en

市長　　　　　　　de Buergermeeschter 男 –en

内閣　　　　　　　de Cabinet 男 –en

（ルクセンブルクの）国会

d'Chamber 女

審議　　　　　　　d'Debatt 女 –en

窃盗　　　　　　　den Déifstall 男　　d'Déifställ

国会議員（男性）　den Deputéierten 男　d'Deputéiert

　関連　d'Deputéiert 女 – 国会議員（女性）

独裁　　　　　　　d'Diktatur 女 –en

　関連　den Diktator 男 –en 独裁者

公の　　　　　　　ëffentlech 形

公衆　　　　　　　d'Ëffentlechkeet 女

支援する　　　　　☆ënnerstëtzen 動

D'Organisatioun gi vun enger Partei ënnerstëtzt.
その団体はある政党から支援を受けています。

罷免する　　　　　☆entloossen 動

De Buergermeester huet hien entloossen.
市長は彼を罷免しました。

任命する　　　　　☆ernennen 動

D'Generalsekretär huet seng Schwëster zum Virsëtz
ernannt.
事務総長は彼の妹を議長に任命しました。

過激派　　　　　　den Extremist 男 –en

自由　　　　　　　d'Fräiheet 女 –en

義務　　　　　　　d'Flicht 女 –en

無罪判決を下す　　☆fräispriechen 動

Déi dräi Beschëllegt am Mordfall sinn haut fräigeschrach
ginn.
殺人事件の３人の容疑者は，今日無罪判決を下された。

47. 政治・社会　　　　　　116

自治体	d'Gemeng 女 –en
裁判所	d'Geriicht 中 –er
社会	d'Gesellschaft 女 –en

関連 d'Hëllef vum Staat 女 社会福祉

(個別の)法律	d'Gesetz 中 –er
平等	d'Gläichberechtegung 女
大公	de Groussherzog 男 –en
	同 de Grand-Duc 男 –en
大公妃	d'Groussherzogin 女
	d'Groussherzoginnen
	同 d'Grande-Duchesse 女 –n
大公国	de Groussherzogtum 男
	d'Groussherzogtümer
	同 de Grand-Duché 男 –en
イデオロギー	d'Ideologie 女 –n

関連 den Ideolog 男 –n イデオローグ

不法性	d'Illegalitéit 女 –en
	同 d'Ongesetzlechkeet 女 –en
首相	de Kanzler 男 –en
王	de Kinnek 男 –en

関連 d'Kinnegin 女 –en 女王

保守的な	konservativ 形
憲法	d'Konstitutioun 女 –en
	同 d'Constitutioun 女 –en
協定，慣習	d'Konventioun 女 –en
汚職	d'Korruptioun 女 –en
王位につける，戴冠させる	
	kréinen 動

1308 ass den Heinrich VII vu Lëtzebuerg zum Kaiser gekréint ginn.

117 　47. 政治・社会

1308 年，ルクセンブルク伯ハインリヒ 7 世が皇帝の位に就いた。

皇太子	de Krounprënz 男 *-en*	
合法的な	legal 形	
関連　illegal 非合法的な		
左翼	d'Lénk 女	
極左の	lénksextremistesch 形	
多数，多数派	d'Majoritéit 女 *-en*	
関連　d'Minoritéit 女 *-en* 少数，少数派		
人権	d'Mënscherechter 複	
兵役	de Militärdéngscht 男	
省庁	de Ministär 男 *-en*	
	同　de Ministère 男 *-n*	
大臣	de Minister 男 *-en*	
閣議	de Ministerrot 男 *d'Ministerréit*	
国の，国民の	national 形	
国歌	d'Nationalhymn 女 *-en*	
依存している	ofhängeg 形	
(国家間の)協定	d'Ofkommes 中 *d'Ofkommen*	
(軍事上の)条約	de Palt 男 *-en*	
議会	d'Parlament 中 *-er*	
政党	d'Partei 女 *-en*	
政治	d'Politik 女	
政治家	de Politiker 男 *-*	
王子	de Prënz 男 *-en*	
大統領	de President 男 *-en*	
刑務所	de Prisong 男 *-en*	
急進的な	radikal 形	
(条約を)批准する		

☆ratifizéieren 動

D'Regierung vu Somalia huet d'Kannerrechtskonventioun

47. 政治・社会　　　　118

ratifizéiert.

ソマリア政府は子どもの権利条約に署名しました。

規則	d'Regel 女 –en
改革	d'Reform 女 –en
統治する	☆regéieren 動

Eist Land ginn duerch d'Gesetz an d'Demokratie
regéiert.

私たちの国は法と民主主義によって統治されています。

| 連立政府 | d'Regierungskoalitioun 女 –en |
| 与党 | d'Regierungspartei 女 –en |

関連　d'Oppositioun 女 –en 野党

共和国	d'Republik 女 –en
損害賠償	de Schuedensersaz 男
罪，責任	d'Schold 女 –en
投票する	stëmmen 動

D'Oppositioune stëmmen ëmmer géint d'Gesetzprojete
vu der Regierung.

野党はいつも政府の法案に反対投票ばかりしている。

スパイ	de Spioun 男 –en
国家	de Staat 男 –en
罰	d'Strof 女 –en
刑法	d'Strofgesetz 中
王位	den Troun 男 d'Tréin
秩序	d'Uerdnung 女
判決	d'Uerteel 中
防衛	d'Verdeedegung 女 –en
(警察の)取り調べ	de Verhéier 男 –
告訴する	☆verkloen 動

Den Deputéierten ass verklot ginn.

その議員は訴えられました。

| 条約，契約 | de Vertrag 男 d'Verträg |

投票	de Vote 男 *d'Votten*	
選挙	d'Wal 女 *–en* 同 d'Wiel 女	

関連 d'Walresultat 中 *–er* 選挙結果

選挙区	de Walbezierk 男 *–er*
選挙公約	de Walprogramm 男 *–er*
	同 d'Walverspriechen 中 *–*
選挙権	d'Walrecht 中
選挙演説会	d'Walversammlung 女 *–en*
選ぶ，選挙する	wielen 動

Onerwaart huet den onbekannte Kandidat gewielt gouf.

思いがけず，その無名の候補者が当選した。

辞任する	☆zrécktrieden 動

Plëtzlech huet de President zréckgetrueden.

突然大統領は辞任した。

48. 世界情勢

貧困	d'Aarmutt 女

関連 de Misär 男 悲惨，貧困

併合する	annektéieren 動

Russland huet d'Hallefinsel Krim annektéiert.

ロシアがクリミア半島を併合しました。

亡命者	den Asylant 男 *–en*
核兵器	d'Atomwaff 女 *–en*

関連 d'Atombomm 女 *–en* 核爆弾

den Atomkrich 男 *–er* 核戦争

(戦争が)勃発する，(火事などが)突然起こる，噴火する

☆ausbriechen 動

Den Zweete Weltkrich ass 1939 ausgebrach.

第二次世界大戦は 1939 年に勃発しました。

48. 世界情勢

内戦 de Biergerkrich 男 –er

デモ d'Demonstratioun 女 –en

亡命する，（国外へ）移住する

emigréieren 動

1857 sinn de Mann an d'Famill aus wirtschaftleche Grënn an d'USA emigréiert.

1857 年，その男性と家族は経済的な理由からアメリカへ移住しました。

抑圧する，虐げる

☆ënnerdrécken 動

D'Organisatioun behaaptet, datt d'Regierung d'Auslänner ënnerdréckt.

その組織は，政府が外国人を抑圧していると主張しています。

拉致する ☆entféieren 動

Vill Japaner goufen entféiert a kënnen nach net no Japan zréckkommen.

多くの日本人が拉致され，まだ日本に帰ることができていません。

発展途上国 d'Entwéckelungsland 中

d'Entwéckelungslänner

欧州連合 d'EU 女

難民 de Flüchtling 男 –en

関連 d'Flüchtlingslager 中 –en 難民キャンプ

平和 de Fridden 男 –

グローバルな global 形

残忍な，無慈悲の grausam 形

国境 d'Grenz 女 –en

工業化 d'Industrialiséieung 女

侵略 d'Invasioun 女 –en

植民地 d'Kolonie 女 –n

戦争 de Krich 男 –er

関連 de Krichsschued 男 *d'Krichsschied* 戦争被害

d'Krichszäit 女 戦争の時代

宣戦布告	d'Krichserklärung 女 *–en*	
戦争捕虜（男性）	de Krichsgefaangenen 男	

関連　d'Krichsgefaangen 女 戦争捕虜（女性）

マフィア	d'Mafia 女
虐殺する	massakréieren 動

D'Waffen-SS huet d'Duerf komplett zerstéiert a quasi all d'Awunner massakréiert.

SS（突撃隊）がその村を完全に破壊し，ほぼすべての住民を虐殺しました。

惨めな	miserabel 形
組織	d'Organisatioun 女 *–en*
クーデター	de Putsch 男 *–en*
革命	d'Revolutioun 女 *–en*
破滅	de Ruin 男
テロ，恐怖政治	den Terror 男

関連　den Terrorismus 男 テロリズム

den Terrorist 男 *–en* テロリスト

休戦	de Waffestëllstand 男
破壊する	zerstéieren 動

Am Kosovo sinn 1.400 Dierfer am Krich zerstéiert.

コソボでは戦争で 1,400 の村々が破壊されてしまいました。

不規則動詞一覧表

不定詞	意味	現在形	過去分詞
aberuffen	召集する	du beriffs an hie berifft an dir berufft an	aberuff
abezuelen	(お金を)払い込む 預け入れる	du bezils an hie bezilt an dir bezuelt an	abezuelt
achecken	搭乗手続きをする (ホテルに)チェックインする	du checks an hie checkt an dir checkt an	agecheckt
akafen	買い物をする	du keefs an hie keeft an dir kaaft an	akaaft
aklammen	乗車する	du klëmms an hie klëmmt an dir klammt an	ageklommen
apaken	荷造りをする	du peeks an hie peekt an dir paakt an	agepaakt
areesen	入国する	du rees an hie reest an dir reest an	agereest
aschlofen	眠り込む 寝入る	du schléifs an hie schléift an dir schlooft an	ageschlof
aschreiwen	(学籍)登録する	du schreifs an hie schreift an dir schreift an	ageschriwwen

不定詞	意味	現在形	過去分詞
astellen	雇用する	du stells an hie stellt an dir stellt an	agestellt
ausbriechen	(戦争が)勃発 する (火事などが) 突然起こる 噴火する	du bréchs aus hie brécht aus dir briecht aus	ausgebrach
(sech) ausdoen	(服を)脱ぐ	du dees aus hien deet aus dir dot aus	ausgedoen
ausdrécken	表現する		ausgedréckt
ausfalen	運休する	du fäls aus hie fält aus dir faalt aus	ausgefall
ausreesen	出国する	du rees aus hie reest aus dir reest aus	ausgereest
ausstellen	陳列する		ausgestallt
auszeechnen	値札をつける	du zeechens aus hien zeechent aus dir zeechent aus	ausgezeechent
bäissen	噛む 噛み付く	du bäiss hie bäisst dir bäisst	gebass
baken	(パンを)焼く	du baaks hie baakt dir baakt	gebak
begeeschteren	感激させる 熱狂させる		begeeschtert

不規則動詞一覧表　　　124

不定詞	意味	現在形	過去分詞
begréissen	挨拶をする	du begréiss hie begréisst dir begréisst	begréisst
behaapten	主張する	du behaaps hie behaapt dir behaapt	behaapt
beroden	相談する	du beréis hie beréit dir berot	beroden
besichen	訪問する		besicht
bestellen	注文する		bestallt
(sech) bestueden	結婚する	du bestiits hie bestit dir bestuet	bestuet
bezuelen	支払う	du bezils hie bezilt dir bezuelt	bezuelt
bieden	祈る	du biets hie biet dir biet	gebiet
bléien	花が咲く	du blitts hie blitt dir blitt	geblitt
bleiwen	滞在する とどまる	du bleifs hie bleift dir bleift	bliwwen
bludden	出血する	du blutts hie blutt dir blutt	geblutt
botzen	掃除する	du botz hie botzt dir botzt	gebotzt

不規則動詞一覧表

不定詞	意味	現在形	過去分詞
brauchen	必要とする 〜する必要が ある	ech brauch du brauchs hie brauch dir braucht	gebraucht （brauchen）
bremsen	ブレーキをか ける	du brems hie bremst dir bremst	gebremst
bréngen	持っていく 持ってくる 連れて行く		gebruecht
briechen	壊す，割る， 破る	du bréchs hie brécht dir briecht	gebrach
broden	炒める	du bréits hie bréit dir brot	gebroden
däerfen	〜してもよい	ech däerf du däerfs hien däerf mir däerfen dir däerft si däerfen	däerfen
danzen	踊る	du danz hien danzt dir danzt	gedanzt
denken	考える	du denks hien denkt dir denkt	geduecht
doen	する	du dees hien deet dir dot	gedoen
drénken	飲む		gedronk

不規則動詞一覧表   126

不定詞	意味	現在形	過去分詞
droen	身につける	du dréis hien dréit dir drot	gedroen
duerchfalen	(試験に)落ちる	du fäls duerch hie fält duerch dir faalt duerch	duerchgefall
duerchliesen	読破する 読み通す	du lies duerch hie liest duerch dir liest duerch	duerchgelies
ëmklammen	乗り換える	du klëmms ëm hie klëmmt ëm dir klammt ëm	ëmgeklommen
empfielen	推薦する		empfuelen
ënnerdrécken	抑圧する 虐げる		ënnerdréckt
(sech) ënnerhalen	おしゃべりをする	du ënnerhäls hien ënnerhält dir ënnerhaalt	ënnerhalen
ënnerschreiwen	署名する	du ënnerschreifs hien ënnerschreift dir ënnerschreift	ënnerschriwwen
ënnersëtzen	支援する	du ënnersëtz hien ënnertsëtzt dir ënnertsëtzt	ënnerstëtzt
ënnersichen	調査する		ënnersicht
entféieren	拉致する		entféiert entfouert
entgleisen	脱線する	du entgleis hien entgleist dir entgleist	entgleist

不定詞	意味	現在形	過去分詞
entloossen	罷免する	du entléiss hien entléisst dir entloosst	entgelooss
entstoen	生じる 発生する	ech entstinn du entstees hien entsteet mir entstinn dir entstitt si entstinn	entstanen
entwäerten	(乗車券に)入 鋏する		entwäert
erakommen	入荷する	du kënns eran hie kënnt eran dir kommt eran	erakomm
erausginn	編集する	du gëss eraus hie gëtt eraus dir gitt eraus	erausginn
erausklammen	下車する	du klëmms eraus hie klëmmt eraus dir klammt eraus	erausgeklommen
erauskommen	孵化する	du kënns eraus hie kënnt eraus dir kommt eraus	erauskomm
erënneren	思い出す		erënnert
(sech) erhuelen	休息する	du erhëls hien erhëlt dir erhuelt	erholl
(sech) erkalen	風邪を引く	du erkaals hien erkaalt dir erkaalt	erkaalt

不規則動詞一覧表　　　128

不定詞	意味	現在形	過去分詞
ernennen	任命する		ernannt
erwaarden	期待する	du erwaarts hien erwaart dir erwaart	erwaart
falen	落ちる	du fäls hie fält dir faalt	gefall
falen	折り畳む	du faals hie faalt dir faalt	gefallt
fannen	～を…と思う 見つける	du fënns hie fënnt dir fannt	fonnt
fierwen	(髪を)染める 色をつける	du fierfs hie fierft dir fierft	gefierft
(sech) fläissen	急ぐ	du fläiss hie fläisst dir fläisst	gefläss
fortfléien	離陸する	du flitts fort hie flitt fort dir flitt fort	fortgeflunn
fortsetzen	続ける	du setz fort hie setzt fort dir setzt fort	fortgesat
(sech) freeën	嬉しく思う		gefreet
fréieren	凍える		gefruer
fräispriechen	無罪判決を下す	du spréchs fräi hie sprécht fräi dir spriecht fräi	fräigesprach

129　　　　　　不規則動詞一覧表

不定詞	意味	現在形	過去分詞
friessen	(動物が)エサを食べる	du frëss hie frësst dir friesst	gefriess
fueren	(乗り物で)行く	du fiers hie fiert dir fuert	gefuer
gären	発酵する 発酵させる	du gäers hie gäert dir gäert	gegäert
genéissen	楽しむ	du genéiss hie genéisst dir genéisst	genoss
geschéien	起こる	hie geschitt	geschitt
gesinn	見る，見える	du gesäis hie gesäit dir gesitt	gesinn
gewannen	勝利する	du gewënns hie gewënnt dir gewannt	gewonnen
gewinnen	慣れる		gewinnt
ginn	与える 〜になる	du gëss hie gëtt dir gitt	ginn
goen	行く	ech ginn du gees hie geet mir ginn dir gett si ginn	gaangen
halen	保つ 持ちこたえる	du häls hien hält dir haalt	gehalen

不規則動詞一覧表　　　130

不定詞	意味	現在形	過去分詞
hänken	掛ける つるす	du hänks hien hänkt dir hänkt	gehaangen
hëllefen	助ける 手伝う		gehollef
hëtzen	暖房する 暖める	du hëtz hien hëtzt dir hëtzt	gehëtzt
hidden	家畜の番をする 子守をする	du hitts hien hitt dir hitt	gehitt / gehutt
huelen	取る	du hëls hien hëlt dir huelt	geholl
hunn	持っている	du hues hien huet dir hutt	gehat
ierwen	相続する	du ierfs hien ierft dir ierft	geierft
iessen	食べる	du ëss hien ësst dir iesst	giess
iwwerdroen	伝染(感染)させる 中継する	du iwwerdréis hien iwwerdréit dir iwwerdrot	iwwerdroen
iwwernuechten	宿泊する		iwwernuecht
iwwersetzen	翻訳する	du iwwersetz hien iwwersetzt dir iwwersetzt	iwwersat

不規則動詞一覧表

不定詞	意味	現在形	過去分詞
kafen	買う	du keefs hie keeft dir kaaft	kaaft
kaschten	～の金額である		kascht
kennen	知っている		kannt
kënnen	～できる	ech kann du kanns hie kann mir kënnen dir kënnt si kënnen	kënnen
këssen	キスをする	du këss hie kësst dir kësst	gekësst
kommen	来る	du kënns hie kënnt dir kommt	komm
kräischen	泣く		gekrasch
kréien	得る 間に合う	du kriss hie kritt dir kritt	kritt
lafen	走る	du leefs hie leeft dir laaft	gelaf
landen	着陸する	du lants hie lant dir lant	gelant
leiden	(病気に)かかる ～に苦しむ	du leits hie leit dir leit	gelidden

不規則動詞一覧表　　132

不定詞	意味	現在形	過去分詞
leien	ある 横たわる	du läis hie läit dir leit	geleeën
lëien	嘘をつく	du litts hie litt dir litt	gelunn
liesen	読む 読書をする	du lies hie liest dir liest	gelies
loossen	～させる	du léiss hie léisst dir loosst	gelooss
luewen	褒める	du luefs hie lueft dir lueft	gelueft
maachen	作る する	du méchs hie mécht dir maacht	gemaach
matbréngen	持ってくる 連れてくる		matbruecht
mathuelen	持ち帰る 持って行く 連れて行く	du hëls mat hien hëlt mat dir huelt mat	matgeholl
molen	(絵を)描く	du mools hie moolt dir moolt	gemoolt
moossen	測る	du mooss hie moosst dir moosst	gemooss

133 不規則動詞一覧表

不定詞	意味	現在形	過去分詞
mussen	〜ねばならない	ech muss du muss hie muss mir mussen dir musst si mussen	missen
nätzen	（植物に）水をやる	du nätz hien nätzt dir nätzt	genat / genätzt
nodenken	熟考する	du denks no hien denkt no dir denkt no	nogeduecht
noschloen	（辞書を）ひく	du schléis no hie schléit no dir schlot no	nogeschloen
ofbéien	曲がる		ofgebéit
offueren	出発する	du fiers of hie fiert of dir fuert of	ofgefuer
ofschléissen	終える	du schléiss of hie schléisst of dir schléisst of	ofgeschloss
opginn	諦める	du gëss op hie gëtt op dir gitt op	opginn
ophiewen	（口座からお金を）引き出す	du hiefs op hien hieft op dir hieft op	opgehuewen
opmaachen	（口座を）開く開業する	du méchs op hie mécht op dir maacht op	opgemaach

不規則動詞一覧表　　134

不定詞	意味	現在形	過去分詞
opraumen	片付ける 整理する		opgeraumt
opstoen	起床する	ech stinn op du stees op hie steet op mir stinn op dir stitt op si stinn op	opgestanen
rechnen	計算する	du rechens hie recht dir rechent	gerechent
reesen	旅行する	du rees hie reest dir reest	gereest
rennen	走る 駆ける		gerannt
richen	においがする		geroch
sangen	歌う	du séngs hie séngt dir sangt	gesongen
saufen	(動物が)飲む	du säifs hie säift dir sauft	gesoff
schafen	成し遂げる	du schaafs hie schaaft dir schaaft	geschaf
schlofen	眠る 眠っている	du schléifs hie schléift dir schlooft	geschlof
(sech) schnäizen	鼻をかむ	du schnäiz hie schnäizt dir schnäizt	geschnaut / geschnäizt

不定詞	意味	現在形	過去分詞
schätzen	見積もる 評価する	du schätz hie schätzt dir schätzt	geschat
schmëlzen	溶ける	du schmëlz hie schmëlzt dir schmëlzt	geschmolt
schneiden	切る	du schneits hie schneit dir schneit	geschnidden
schreiwen	書く	du schreifs hie schreift dir schreift	geschriwwen

schwaarzfueren	無賃乗車をする	du fiers
		   schwaarz
		hie fiert
		   schwaarz
		dir fuert
		   schwaarz
			schwaarzgefuer

schwammen	泳ぐ	du schwëmms hie schwëmmt dir schwammt	geschwommen
schwätzen	話す	du schwätz hie schwätzt dir schwätzt	geschwat
schweessen	汗をかく	du schweess hie schweesst dir schweesst	geschweesst
senden	放送する	du sents hie sent dir sent	gesent
sëtzen	座る 座っている	du sëtz hie sëtzt dir sëtzt	gesiess

不規則動詞一覧表　　　　136

不定詞	意味	現在形	過去分詞
sinn	〜である 〜にいる	du bass hien ass dir sidd	gewiescht
soen	言う	du sees hie seet dir sot	gesot
sollen	〜すべき	ech soll du solls hie soll mir sollen dir sollt si sollen	
sprëtzen	注射する	du sprëtz hie sprëtzt dir sprëtzt	gesprëtzt
stellen	置く		gestallt
sténken	(臭い)におい がする		gestonk
stoen	立っている	ech stinn du stees hie steet mir stinn dir stitt si stinn	gestanen
sträichen	(牛などの)乳 を絞る		gestrach
treffen	出会う	du trëffs hien trëfft dir trefft	getraff
ubrennen	焦げる	hie brennt un	ugebrannt

137　　　不規則動詞一覧表

不定詞	意味	現在形	過去分詞
ufänken	始める 始まる	du fänks un hie fänkt un dir fänkt un	ugefaangen
ukommen	到着する	du kënns un hie kënnt un dir kommt un	ukomm
umaachen	(電灯を)つける (スイッチを)入れる	du méchs un hie mécht un dir maacht un	ugemaach
umellen	申し込む	du mells un hie mellt un dir mellt un	ugemellt
uprobéieren	試着する	du probéiers un hie probéiert un dir probéiert un	uprobéiert
verbannen	結ぶ	du verbënns hie verbënnt dir verbannt	verbonnen
vergiessen	忘れる	du vergëss hie vergësst dir vergiesst	vergiess
verhandelen	交渉する		verhandelt
verklagen	告訴する		verklot
verléieren	失う 負ける		verluer
(sech) verletzen	怪我をする	du verletz hie verletzt dir verletzt	verletzt
verloossen	去る 出て行く	du verléiss hie verléisst dir verloost	verlooss

不規則動詞一覧表　　　138

不定詞	意味	現在形	過去分詞
vermëtteln	仲介する 幹旋する		vermëttelt
verpaken	包装する	du verpeeks hie verpeekt dir verpaakt	verpaakt
verpassen	乗り遅れる	du verpass hie verpasst dir verpasst	verpasst
sech verspéiden	遅れる	du verspéits hie verspéit dir verspéit	verspéit
verstoen	理解する	ech verstinn du verstees hie versteet mir verstinn dir verstitt si verstinn	verstanen
virbereeden	予習する 準備する	du bereets vir hie bereet vir dir bereet vir	virbereet
virliesen	朗読する	du lies vir hie liest vir dir liest vir	virgelies
(sech) virstellen	自己紹介する		virgestallt
wäschen	洗う		gewäsch
weisen	示す	du weis hie weist dir weist	gewisen

139　不規則動詞一覧表

不定詞	意味	現在形	過去分詞
wëllen	〜するつもりだ	ech wëll du wëlls hie wëll mir wëllen dir wëllt si wëllen	wëllen
wëssen	（知識として）知っている	ech weess du weess hie weess dir wësst	gewosst
wichsen	磨く	du wichs hie wichst dir wichst	gewichst
widderhuelen	復習する	du widderhëls hie widderhëlt dir widderhuelt	widderholl
zeechnen	デッサンする	du zeechens hien zeechent dir zeechent	gezeechent
zéien	引く	du zitts hien zitt dir zitt	gezunn
zesummeschaffen	協力する		zesummegeschafft
zréckginn	返品する	du gëss zréck hie gëtt zréck dir gitt zréck	zréckginn
zréckkommen	戻る 戻ってくる	du kënns zréck hie kënnt zréck dir kommt zréck	zréckkomm
zréckleeën	取り置きする 元の場所に戻す		zréckgeluecht

不規則動詞一覧表　　　　140

不定詞	意味	現在形	過去分詞
zrécktrieden	辞任する	du trëtts zréck hien trëtt zréck dir triet zréck	zréckgetratt / zréckgetrueden

索 引

あ

愛好家　89
挨拶をする　27, 124
アイスクリーム　55
アイスホッケー　93
アイドリング　84
アイドル　73
アイロン　46
アイロンをかける　44
青い　13
赤い　13
明るい　13
赤ん坊　29
秋　6
諦める　26, 133
悪魔　35
あご　37
アサガオ　112
あさって　7
鮮やかな　89
アザラシ　111
足　36
脚　36
アジア　9
アジア人（女性）　9
アジア人（男性）　8
アジア（人）の　9
味がする　59
明日　8
足の指　38
味見する　58
（お金を）預け入れる
　112, 122
アスパラガス　59
汗をかく　40, 135

あそこに　12
遊ぶ　95
与える　18, 23, 129
暖かい　105
温める　60
暖める　47, 130
頭　37
新しい　16
厚い　15, 32
暑い　104
扱う　73
暑さ　104
斡旋する　76, 138
アップグレード　98
アップデート　98
穴　47
アナウンサー　62
アニメ　99
アパート　45
アヒル　109
油　60
アフリカ　105
甘い　59
（複数で）甘い物　59
雨傘　44
雨雲　104
甘さ　59
編み物をする　100
雨　104
雨が降る　104
アメリカ　8
アメリカ人（女性）　8
アメリカ人（男性）　8
アメリカ（人）の　8
洗う　52, 138
嵐　105

アリ　111
ありがとう　28
ある　47, 132
アルコール　53
アルゼット渓谷　106
〜あるので　3
淡い　13
泡立器（攪拌機）でよく
　かき混ぜる　57
アンコール　93
アンテナ　61
案内所　102
案内人　102
安楽死　39

い

胃　37
いいえ（否定の返事）
　28
イースター　63
言う　20, 136
家　47
家に　50
医学　67
怒り　25
行き先　85
イギリス（イングランド）
　9
イギリス人（女性）　9
イギリス人（男性）　9
イギリス（人）の　9
行く　18, 83, 129
池　106
石　106
（男性の）医者　72
（国外へ）移住する　120

索　引　142

いす　49
泉　102
イスラム教　35
急ぐ　50, 128
依存している　117
イタリア　10
イタリア語　10
イタリア人(女性)　10
イタリア人(男性)　10
イタリア(語・人)の
　10
痛み　41
痛みがある　41
炒める　53, 125
1　1
1(序数)　2
1月　5
イチゴ　53
(料理の)一人前　58
市場　79
いつ　5
1階　48
1回の食事で用いる
　フォーク・ナイフ・
　スプーンのセット
　76
一戸建て　46
一生懸命に　32
いっしょに　17
一方通行　86
いつも　15
イデオロギー　116
従兄弟　31
犬　109
命　51
祈る　34, 124
いびきをかく　40
今　7
イヤリング　44

〜以来　4
入口　45
衣類　43
イルカ　108
刺青　45
(スイッチを)入れる
　49, 137
色　13
色をつける　88, 128
印象　24
インストールする　97
インターネット　97
(画面サイズを表す)イン
　チ　98
インフレーション　113

う

ウイルス　41
ウール　45
ウエイター　77
ウェブサイト　98
牛　110, 111
失う　21, 137
薄い　15, 32
嘘をつく　19, 132
歌　91
歌う　91
宇宙　106
宇宙飛行士　70
美しい　16
鬱病　38
移り変わり　24
腕　36
うなぎ　54
うなじ　37
馬　110
(〜に、〜で)生まれた
　30
海　106

売り上げ　72
売り切れている　78
嬉しく思う　25, 128
運休する　81, 123
運転する　18, 83
運動場　69

え

絵　46, 91
エアコン　47
永遠の　15
映画　90
映画館　91
映画監督　92
英語　9
英語の　9
エイプリルフール　62
ATM　112
駅　83
(家畜の)餌　108
(動物が)エサを食べる
　108, 129
(家畜に)エサをやる
　108
枝　107
絵文字　97
選ぶ　119
襟　43
得る　19, 131
エレベーター　47
演技　92
エンジニア　73
炎症　38
エンジン　84
エンジンオイル　84
エンジン故障　84
(楽器を)演奏する　95
遠足　64
鉛筆　64

143　索　引

お

おい　31
王　116
王位　118
王位につける　116
王子　117
欧州連合　120
横断歩道　87
往復乗車券　85
応募　73
応募する　74
終える　23, 133
大いに役立つ　14
大売り出し　78
オオカミ　112
大きい　15
多くの　16
オーケストラ　92
オープン　49, 53
大晦日　63
大麦　55
大家　48
公の　115
丘　105
お金　113
小川　105
置く　20, 136
オクターブ　63
臆病　32
遅れる　87, 138
怒りっぽい　27
怒る　25
起こる　22, 23, 129
おじ　31
惜しい　95
おしゃべりをする　18, 126
汚職　116

押す　17
オセアニア　106
お互いに　15
オタク　99
落ちる　18, 65, 126, 128
夫　31
音　91
男らしい　33
おととい　8
踊る　93, 125
驚き　25
おば　31
おはよう　28
オペラ　92
オペレーションシステム　97
おむつ　43
お目にかかれて嬉しいです　28
重い　16
思いがけない　27
思い出す　24, 127
思い出　102
おやすみなさい　28
親指　36
泳ぐ　95, 135
オランダ　10
オランダ語　10
オランダ人(女性)　10
オランダ人(男性)　10
オランダ(語・人)の　10
オリーブ　57
オリーブオイル　57
オリジナルの　100
折り畳む　42, 128
オリンピック　63
オレンジ　58
音楽　92

音楽家　92
音響　92
女らしい　34

か

蚊　109
ガ　110
…か、…か　3
カーテン　48
カーニバル　62
カーブ　84
カールした　88
カールした髪　88
ガールフレンド　30
貝　110
階　49
改革　118
海岸　106
開館時間　90
会議　75
開業する　113, 133
外交官　72
外国　101
外国人に優しい　101
解雇を通知する　73
会社　73
(男性の)会社員　72
改宗する　34
解像度　98
階段　49
快適な　46, 84
回復する　39
買い物袋　78
買い物をする　78, 122
解約を予告する　73
街路照明　86
買う　19, 131
カエル　108
顔　37

索　引　　　　　　　144

画家　91
価格　79
化学　65
かかと　36
鏡　49
(時間が)かかる　22
(病気に)かかる　40,
　131
鍵　49
家禽　108
(絵を)描く　91, 132
書く　20, 135
家具　48
閣議　117
学籍　69
学籍登録　66
家具付きの　48
格闘技　94
学年　68
学部　65
核兵器　119
革命　121
学問　69
過激派　115
掛ける　23, 130
駆ける　20, 134
火山　106
火事　106
(住居を)貸している人
　48
カジノ　101
歌手　92
ガス　46
風　105
風邪　39
稼ぐ　75
仮説　66
風のある　104
風邪を引く　39, 127

家族　30
ガソリン　81
ガソリンスタンド　81
肩　38
固い　15
(肉などが)堅い　60
片付ける　48, 134
カタツムリ　110
片道の　82
価値　14
家畜　111
家畜小屋　111
家畜の番をする　108,
　130
価値の高い　14
ガチョウ　108
(学校・大学の)学期
　69
楽器　92
学校　68
合唱　90
活動的な　32
カップル　31
かつら　89
過程　114
カテドラル　35
かど　82
～かどうか　3
カトリック　35
悲しい　27
悲しみ　26
カヌー　94
カバ　110
花瓶　49
カブ　58
株　112
株式会社　112
カブトムシ　109
壁　50

貨幣　12
かぼちゃ　56
かまど　56
神　35
紙　48
髪　37
噛みつく　107, 123
雷が鳴る　103
髪をとく　51
噛む　107, 123
カメ　110
画面　97
鴨　55
火曜日　6
か弱い　60
～から　3, 4
カラーの　13
辛い　59
カラス　109
体　37
空手　94
カラフルな　13
(住居を)借りている人
　47
(部屋を)借りる　47
軽い　15
ガレージ　46
画廊　90
革　43
変わる　17
ガン　39
考える　24, 125
感覚　25
換気する　51
観客　92
環境　105
関係　21
感激させる　90, 123
観光ガイド　102

観光客　103
(男性の)看護師　73
患者　40
慣習　116
鑑賞する　19, 91
関税　82
感染症　39
観戦する　95
感想　24
肝臓　37
元旦　63
簡単な　14
缶詰　56
感動的な　93
(チームの)監督　96
願望　26

き

木　107
キーボード　98
黄色い　13
キウイフルーツ　56
気温　104
議会　117
機械工　74
機械工学　67
企業　71
キク　107
喜劇　91
期限　114
危険な　83
気候　104
既婚の　29
キジ　108
記事　61
記者　61
記者会見　62
記述の　68
気象衛星　105

起床する　51, 134
傷　41
キスをする　19, 131
季節　6
規則　118
北　12
ギター　91
期待する　25, 128
貴重な　14
ぎっくり腰　39
喫茶店　77
キツネ　108
切符売り場　83
記入する　17
絹　44
記念日　101
昨日　7
きのこ　54
厳しい　34
気分　24
義務　115
(〜したいという)気持ち　26
逆　22
虐殺する　121
(男性の)客室乗務員　75
キャプテン　94
キャベツ　56
キャリア　71
キャンセルする　100
キャンディー　56
キャンパス　64
キャンプ　101
9　1
9(序数)　2
救急車　81
休憩する　102
90　2

求職　72
急進的な　117
休戦　121
休息する　90, 127
牛肉　58
牛乳　57
給油する　86
きゅうり　56
給料　73
今日　7
教育　64
教育学　67
教会　35
共産主義　113
教師　68
教室　66
業績　74
兄弟　29
兄弟姉妹　30
協定　76, 116, 117
恐怖政治　121
興味がある　91
教養　64
教養のある　65
協力する　76, 139
共和国　118
漁業　72
極左の　117
霧　104
霧がかかっている　104
キリスト教　34
キリスト教徒　34
義両親　31
キリン　108
切る　59, 89, 135
キログラム　12
キロメートル　12
近距離　48
近距離区間　84

索 引

銀行　112	曇っている　105	刑法　118
銀行口座　113	(色が)暗い　13	刑務所　117
近所　48	グラス　77	契約　76, 118
緊張した　32	クラスメート　66	契約(書)　113
筋肉　37	クラッチ　84	契約する　93
筋肉痛　40	グラム　12	経歴　71
金髪の　32	クリスマス　62	ケーキ　56
勤務　72	クリスマスイヴ　63	ケーキ屋　77
金融上の　113	クリックする　97	けが　41
金曜日　7	来る　19, 131	毛皮　44
	グループ　33	怪我をする　41, 137
く	くるぶし　36	劇場　92
	車　81, 87	激励する　96
クイズ　100	クレジットカード　79	消しゴム　66
食い逃げ　77	黒い　13	下車する　83, 127
空気　106	グローバルな　120	化粧落とし　87
空港　83	クロスワードパズル　99	化粧クリーム　87
偶然　24	軍隊　114	化粧水　88
クーデター　121		化粧品　88
空腹　55	**け**	化粧品店　89
クーポン　78		化粧をする　89
9月　6	敬意　26	ケチな　32
茎　111	経営学　64	ケチャップ　56
腐った　54	計画　74, 102	血圧　38
くし　88	景気　113	血液　36
薬　40	経験　32	血液型　32
果物　60	敬虔な　35	結果　23
口　37	蛍光ペン　66	結核　41
唇　37	渓谷　105	血管　37
口紅　88	経済　114	結婚式　30
靴　44	経済学　65	結婚する　29, 124
(長めの)靴下　44	経済危機　114	決勝　94
国　106	経済の　114	欠席　63
国の　117	警察　74	月曜日　6
苦悩　26	警察官　74	検疫　85
首　37	計算する　68, 134	玄関　45
首筋　37	芸術家　91	研究　65
クマ　107	芸術的な　91	研究所　73
クモ　111	経費　73	言語　11
雲　105	継父母　31	

索　引

健康な　39
言語学　69
建国記念日　63
原子力発電所　70
原生林　106
建設する　45
建築学　64
鍵盤　98
憲法　116
検問　85

こ

5　1
5(序数)　2
(色が)濃い　13
行為　18
更衣室　45
公園　85
効果　24
硬貨　12
郊外　83
公害　112
工学　69
合格する　67
講義　70
工業　73
工業化　120
公共部門　73
考古学　64
広告　61
耕作する　109
交差点　84
格子柄の　43
公衆　115
工場　72
交渉する　75, 137
香辛料　55
香水　88
高速道路　81

交代　24
皇太子　117
紅茶　59
交通　86
交通事故　81
交通渋滞　86
交通標識　86
行動　18
口頭の　67
興奮する　26
公平な　95
合法的な　117
公務　73
公務員　71
コースター　76
コート　43
コーヒー　56
コーヒーカップ　77
コーヒーなどの小さな
　　ポット　76
氷　76
誤解　26
5 月　6
ゴキブリ　109
顧客　71
国際的な　33
国籍　11
告訴する　118, 137
国内　102
黒板　69
国民の　117
国民の休日　63
コケ　110
焦げる　60, 136
午後　8
ご幸運を　28
凍える　103, 128
ここから　12
ここで　12

ここに　12
午後に　8
ここへ　12
腰　37
50　1
コショウ　58
小銭　12
午前　8
午前に　8
こちらこそありがとう
　　28
こちらへ　12
国家　118
国歌　117
(ルクセンブルクの)国会
　　115
国会議員(男性)　115
骨格　38
国境　120
古典的な　91
子供　31
子供じみた　33
好んで　15
コピー　74
こぶし　36
ごぼう　56
ゴミ　48
ゴミ収集車　82
小道　83
ゴミ箱　46
ゴミ袋　46
小麦　60
小麦粉　60
米　58
子守をする　108, 130
雇用者　74
雇用する　70, 123
ゴルフ　94
コレクター　92

索　引　　　　　148

壊す　17, 125
壊れた　84
根拠　66
コンサート　90
コンセント　49
コンタクトレンズ　43
昆虫　109
こんにちは　28
コンパス　70
今晩　7
こんばんわ　28
コンピュータ　97
婚約　32
婚約している　32
婚約者　30
婚約する　31

さ

サービス業　72
サーフィンをする　96
サイ　110
最近　8
在庫　74
最後の　15
最新の　43
財政上の　113
在宅で　50
才能　92
栽培する　109, 112
裁判所　116
財布　48
サイン　101
ザウアー川　106
探す　49
魚　54
坂道(上り坂)　86
詐欺師　71
柵　50
作品　100

サクラ　109
さくらんぼ　56
鮭　59
〜させる(使役)　5, 132
作家　75
サッカー　94
作曲家　91
雑誌　62
砂糖　60
砂漠　107
サボテン　109
寒い　104
寒さ　104
作用　24
さようなら　27
左翼　117
皿　77
サラダ　60
(その上)さらに　16
サル　107
去る　21, 137
3　1
3(序数)　2
〜さん　30, 31
3月　6
産業　73, 113
サングラス　44
懺悔　34
懺悔する　34
30　1
30(序数)　3
残忍な　120
残念ですが　28
残念な　95
残念ながら　15
賛美歌　35
散歩　51
散歩する　51

し

詩　99
時　7
試合　95
幸せな　33
飼育する　112
虐げる　120, 126
ジーンズ　43
支援する　115, 126
塩　58
塩辛い　58
しおり　100
〜しか　16
シカ　109
市街地図　103
しかし　3
4月　6
志願　73
時間　8
時間通りに　8
指揮者　90
ジグソーパズル　100
試験　65
時刻表　83
自己紹介する　34, 138
仕事　70
(カトリックの)司祭　35
支社　72
支出　113
辞書　65
試食する　58
〜自身　16
地震　105
静かな　23
システム　75
自然科学　67
自然食品の店　78

索 引

思想　25
舌　38
下着　42, 43
7月　6
自治体　116
試着室　43
試着する　45, 137
市長　115
失業　71
(男性の)失業者　71
実行する　17
知っている　25, 27, 131, 139
湿度　103
ジッパー　45
尻尾　111
〜してもよい　5, 125
支店　72
自伝　99
自転車　86
自転車競技　96
シナゴーグ　36
品物　80
〜時に　4
辞任する　119, 140
芝居　93
しばしば　15
芝生　97
支払う　76, 124
紙幣　12
脂肪の多い　54
脂肪分の少ない　57
資本主義　113
島　105
姉妹　31
シマウマ　112
閉まっている　77
(女性の)事務員　71
事務所　71

示す　87, 138
指紋　36
社会　116
社会学　69
じゃがいも　55
蛇口　47
借用書　75
ジャケット　43
車掌　84
写真　46
社説　61
シャツ　43
ジャム　55
(鉄道の)車両　87
シャワー　101
シャワーを浴びる　50
シャンプー　89
自由　115
週　6
10　1
10(序数)　2
獣医学　65
11　1
11(序数)　2
11月　6
10月　6
19　1
19(序数)　2
住居　50
宗教　36
宗教の　36
従業員　75
15　1
15(序数)　2
13　1
13(序数)　2
十字架　35
収集家　92
住所　45

ジュース　58
修正する　66
修繕する　46
集団　33
じゅうたん　49
充電ケーブル　98
柔道　94
修道院　35
修道士　35
修道女　35
17　1
17(序数)　2
12　1
12(序数)　2
12月　6
収入　112
18　1
18(序数)　2
十分な　15
週末　6
重要な　17
14　1
14(序数)　2
修理する　74
16　1
16(序数)　2
熟考する　26, 133
熟した　60
宿題　66
宿泊する　102, 130
主菜(メインディッシュ)　77
取材記者　62
種子　111
手術　40
手術をする　40
首相　116
主専攻　66
主張する　24, 124

索　引　　　　　　　150

出血する　38, 124
出国する　81, 123
出席　68
出発　82
出発する　84, 133
出版する　61
首都　105
趣味　99
需要　113
準備する　69, 138
奨学金　64
小学校　68
定規　67
乗客　85
条件　23
正午　8
(部・課・局の)上司
　71
勝者　94
乗車券　81
乗車する　81, 122
召集する　114, 122
少女　31
生じる　22, 127
上手な　14
小説　100
肖像画　92
省庁　117
商取引　73
少年　30
消費期限　80
消費者　79
商標　79
商品　80
商品券　78
丈夫な　34
情報科学　66
消防士　74
消防車　85

消防隊　74
静脈　38
照明　90
条約　76, 117, 118
醤油　59
将来　34
勝利　96
勝利する　94, 129
小旅行　103
ショートパンツ　44
ジョギングをする　50
職業　71
職業教育　66
食事　55
食卓　46
職に就いている　71
職場　70
植物　110
植民地　120
食欲　53
食料品　57
助言　17
女性　30
諸聖人の日　62
女性の　34
食器　55
食器を洗う　52
ショッピングカート　80
ショッピングセンター
　78
ショッピングバッグ　78
所得　112
書評　64
署名　72
署名する　72, 126
助力　18
尻　37
知り合い　29
知り合う　33

城　102
白い　13
白黒の　13
審議　115
信教の自由　36
心筋梗塞　39
シングルルーム　101
神経　37
神経質な　33
人権　117
信号機　85
(関税・税金を)申告す
　る　82
紳士　30
寝室　49
真実　70
人事部　75
神社　36
神聖な　35
親切な　33
新鮮な　54
心臓　37
腎臓　37
寝台車　86
審判　95
新婦　29
神父　35
新聞　62
深夜　8
信頼　27
心理学　68
侵略　120
新郎　29

す

酢　54
遂行する　17
推敲する　87
スイス　11

151 索引

スイス人(女性) 11
スイス人(男性) 11
推薦する 65, 126
水道 50
推理小説 99
水曜日 7
スウェットシャツ 45
枢機卿 35
スーツ 43
スーツケース 103
スーパーマーケット 80
スープ 61
スカート 43
スカーフ 42
スキー 95
スキャナ 98
スクールバス 68
すぐに 15
スクリーン 90
スケート 95
少しの 16
涼しい 104
スズメ 111
スズメバチ 108
スタジアム 96
頭痛 39
酸っぱい 59
ステッキ 41
ストーブ 49
ストッキング 44
ストライキ 75
ストライプ 44
ストライプ柄の 42
ストレス 41
ストロー 59
スパイ 118
スパゲティ 59
素晴らしい 14, 89
スピード 87

スプーン 77
スペイン 11
スペイン語 11
スペイン人(女性) 11
スペイン人(男性) 11
スペイン(語・人)の
　11
～すべきである 5, 136
全て 15
滑りやすい 16
スポークスマン 62
スポーツ 96
スポーツクラブ 96
ズボン 42
スポンサー 95
スマートフォン 98
住まい 50
すみません(呼びかけ)
　28
住む 50
スモモ 58
スリッパ 44
する 17, 20, 95, 125,
　132
ずる賢い 33
～するために 3
～するつもりだ 5, 139
鋭い 16, 59
～する必要がある 21,
　125
座っている 20, 135
座る 20, 135
住んでいる 50

せ

性格 32
生活 51
税関 82
世紀 8

清潔な 48
生産者 79
政治 117
政治家 117
政治学 68
聖シュテファンの日 63
聖書 34
精神 36
成績 67
(工場で)製造する 79
(男の)生徒 68
政党 117
製品 72
制服 45
生物学 64
聖母被昇天の日 63
整理する 48, 134
聖霊降臨祭 63
セーター 44
背負う 101
世界遺産 103
背が高い 15
背が低い 15
せき 39
席 77
赤道 105
責任 118
責任のある 75
せきをする 39
セクシュアル・ハラスメ
ント 75
石鹸 89
(交通の)接続 86
窃盗 115
(髪を)セットする 87
セットメニュー(定食)
　77
背中 38
背骨 38

索　引　　　　　　　　152

狭い　46
ゼミナール　69
0　1
世話をする　30
線　44
前衛的な　90
選挙　119
選挙演説会　119
選挙区　119
選挙権　119
選挙公約　119
選挙する　119
専攻する　69
洗剤　52
前菜　77
繊細な　90
選手　95
宣戦布告　121
戦争　120
戦争捕虜(男性)　121
全体の　16
洗濯　45
洗濯物　45
センチメートル　12
セント　12
洗面台　47
専門　65
洗礼　34
洗礼を施す　35
線路　86

そ

ゾウ　108
像　103
相違　22
倉庫　74
掃除機　49
掃除する　50, 124
掃除婦　71

相続する　30, 130
相談する　71, 124
ソーセージ　60
属している　22
組織　121
卒業する　64
外で　12
その通りの　15
祖父　30
ソファー　46
祖母　30
(髪を)染める　88, 128
(髭・毛を)剃る　51
それほど　15
損害賠償　118
尊敬　26
存在　22
損失　75

た

体育　96
体育館　69
大学　69
(男の)大学生　69
戴冠させる　116
大気　21
退屈する　33
大公　116
大公国　116
待降節　62
大公妃　116
大根　58
滞在　102
滞在する　101, 124
大使館　100
大司教　34
退職を申し出る　73
大臣　117
大豆　59

大聖堂　35
体操　96
体操競技　94
大胆な　91
大統領　117
台所　47
ダイビングをする　93
太平洋　106
(車の)タイヤ　85
太陽　106
大理石　48
代理人　76
ダウンロード　97
ダウンロードする　97
タオル　43
タカ　108
高い　15, 78
滝　106
(鳥が卵を)抱く　107
タクシー　86
〜だけ　16
多数　117
多数派　117
助ける　18, 130
立ち上がる　51
卓球　93
脱線する　82, 126
立っている　24, 136
竜巻　105
建物　46
棚卸し　79
店子　47
谷　105
種を蒔く　111
楽しい　27
楽しむ　90, 129
タバコを吸う　51
タブレット端末　98
たぶん　17

153　　　　　　　　索　引

食べ物　55
食べる　55, 130
卵　54
玉ねぎ　54
保つ　18, 129
誰が　5
誰に　5
誰を　5
単語　70
(男性の)ダンサー　72
炭酸　56
男性　31
男性器　38
男性の　33
淡白な　57
暖房する　47, 130
暖房装置　47
タンポポ　107
(壁に作り付けの)暖炉
　47

ち

チーク　89
小さい　15
チーズ　56
チーム　94
チェス　100
(ホテルを)チェックアウ
　トする　101
(ホテルに)チェックイン
　する　80, 122
近い　16
地下室　47
地下鉄　84
力　19
地球　105
遅刻　69
チコリー　54
知識　66

地質学　65
父　31
(牛などの)乳を絞る
　111, 136
秩序　118
チップ　77
茶　59
チャーター便　101
茶色い　13
着陸する　84, 131
注意深い　34
仲介する　76, 138
(テレビ・ラジオを)中
　継する　39, 130
中国　9
中国人(女性)　9
中国人(男性)　9
中国(語・人)の　9
中古車　85
注射　40
駐車禁止　85
駐車場　85
注射する　41, 136
駐車する　85
昼食　57
注文する　76, 124
チューリップ　111
チョウ　110
(部・課・局の)長　71
腸　36
長期休暇　101
彫刻　92
調査する　72, 126
調子　24
調子はどう？　28
朝食　56
ちょうど　15
調味料　55
チョーク　66

貯蓄銀行　114
地理学　65
賃金　114
賃貸　48
賃貸契約書　45
陳列する　78, 123

つ

ツアー　103
通貨　114
通訳者　72
通訳をする　72
疲れている　40
(1年の)月　15
月　106
次の　16
机　46
作る　20, 132
繕う　46
つけまつげ　88
(電灯を)つける　49,
　137
土　105
続ける　22, 128
ツバメ　110
つぼみ　109
妻　30
罪　118
爪　37
冷たい　15
爪ブラシ　88
爪やすり　88
強い　34
釣りをする　99
つるす　23, 130
つるつるした　16
連れて行く　17, 20, 125,
　132
(〜を)連れてくる　20,

索　引　　　154

132

て

手　37
〜で　4
出会う　21, 136
〜である　23, 136
〜であるにも関わらず　3
庭園　46
定期購読をする　61
Tシャツ　45
ディスコ　99
ディスプレイ　97
停電　49
丁寧な　15
出来事　22
〜できる　5, 131
テクスト　69
出口　45
手首　37
デザート　77
手助け　18
哲学　67
鉄鋼産業　114
デッサン　93
デッサンする　93, 139
手伝う　18, 130
鉄道　82
鉄道路線　82
出て行く　21, 137
テニス　96
手袋　43
デモ　120
寺　36
テレビ　61
テレビゲーム　100
テレビ番組　62
テロ　121

天気　105
伝記　99
電気　49
電気工学　65
天気予報　104
典型的な　16
電車　82
天井　48
電子レンジ　57
伝染(感染)させる　39, 130
伝統　63
伝統的な　93
展覧会　90
電流　49

と

〜と　3
ドア　46
〜ということ　3
〜という名前である　33
ドイツ　9
ドイツ語　9
ドイツ人(女性)　9
ドイツ人(男性)　9
ドイツ(語・人)の　9
トイレ　49
塔　103
どういたしまして　28
同期する　98
倒産　113
投資　113
当時　7
投資する　113
搭乗手続きをする　80, 122
どうぞ　28
胴体　37
統治する　118

到着　81
到着する　86, 137
投票　119
投票する　118
動物　108
動物園　112
冬眠　112
どうもありがとうございます　28
トウモロコシ　57
同僚　74
(学籍)登録する　64, 122
遠い　16
トースター　60
(パンを)トーストする　60
トーストパン　59
通り　86
トカゲ　108
(髪を)梳かす　88
時　8
独裁　115
読書をする　20, 132
独創的な　92
特に　15
特売　79
読破する　99, 126
トゲ　107
時計　7, 45
溶ける　23, 135
どこから　5
どこに　5
どこへ　5
ところが　3
年老いた　32
図書館　99
(台所の)戸棚　47
(火事などが)突然起こる

索引

119, 123
とどまる　101, 124
〜とともに　4
どのように　5
〜と反対側　4
トマト　60
トマトソース　60
止まる　18
〜と向かい合って　4
土曜日　7
トラ　111
(タクシーなどの)ドライ
　バー　71
ドライヤー　88
ドライヤーをかける　88
トラック　82
(車の)トランク　84
トランプ　99
鳥　111
取り置きする　80, 139
(警察の)取り調べ　118
鶏肉　58
取る　19, 130
ドル　12
トルコ　11
トルコ語　11
トルコ人(女性)　11
トルコ人(男性)　11
トルコ(語・人)の　11
トレーニング　96
トレーニングをする　96
どれだけの(数)　5
ドレッシング　60
泥棒　72
トントンと打つ　47
トンネル　86
トンボ　109

な

〜ない(否定詞)　16
内閣　115
内戦　120
ナイトシャツ　44
ナイトテーブル　48
ナイフ　77
長い　15
流し台　48
長袖の　43
眺め　105
泣く　25, 131
梨　53
〜なしで　4
成し遂げる　75, 134
ナス　53
なぜ　5
なぜなら　3
夏　6
7　1
7(序数)　2
70　2
何も〜ない　16
鍋　54
名前　33
生クリーム　58
生の　58
生放送で　61
波　106
慣れる　22, 129
南西　13
南東　13
何年間もの　7
難民　120

に

2　1
20(序数)　2

〜にいる　23, 136
においがする　26, 134
(臭い)においがする
　26, 136
苦い　53
2月　5
肉　54
肉屋　79
〜に苦しむ　40, 131
西　13
20　1
20(序数)　2
21　1
21(序数)　2
22　1
22(序数)　3
2食付き　102
〜に対して　4
日　7
日曜日　7
日記　50
荷造りをする　100, 122
〜になる　18, 23, 129
日本　10
日本語　11
日本人(女性)　11
日本人(男性)　10
日本(語・人)の　11
〜にも関わらず　3, 4
荷物　102
入荷する　78, 127
(乗車券に)入鋏する
　82, 127
入国する　81, 122
入国ビザ　87
入場券　90
ニュース　62
尿　41
煮る　56

索　引　　　　　156

庭　46
にわか雨　104
鶏　109
人気のある　16, 32
人参　57
妊娠している　25
にんにく　56
任命する　115, 128

ぬ

ぬいぐるみ　48
(服を)脱ぐ　41, 123

ね

根　112
寝入る　50, 122
ネクタイ　43
猫　109
ネズミ　109
熱　39
熱狂させる　90, 123
熱狂的な　94
熱狂的ファン　99
ネックレス　42
ネット検索する　97
〜ねばならない　5, 133
寝袋　102
値札　79
値札をつける　78, 123
眠っている　52, 134
眠り込む　50, 122
眠る　51, 134
年　7
年金　74
年金生活者　74
年度　68
年末　8

の

〜の　4
〜の間　4
〜の間に(期間)4
〜の後で　3, 4
脳　37
脳溢血　39
〜の上　4
農業　70
野ウサギ　109
〜の後ろ　4
脳震盪　39
農夫　71
〜のおかげで　4
ノート　66
〜の外部　4
〜の金額である　79,
　131
〜の際　4
〜の下　4
〜の上方　4
〜のそば　4
〜のために　4
ノックする　47
のど　37
〜の時　3
喉の渇き　54
〜の内部　3
〜の中　3
〜の前　4
〜の周り　4
蚤の市　79
飲み物　55
飲む　54, 125
(動物が水などを)飲む
　110, 134
〜のもとに　4
乗り遅れる　86, 138

乗り換える　82, 126

は

歯　38
葉　107
パーカー　44
バーコード　79
パーティー　100
ハーブ　56
バーベキューをする　55
パーマ　89
はい(肯定の返事)　28
肺　37
灰色の　13
バイオリン　90
ハイキング　100
バイク　84
パイナップル　53
パイプ　44
ハイブリッドカー　84
敗北　95
俳優　92
パイロット　74
ハエ　109
破壊する　121
はかり　80
測る　40, 132
博士　65
拍手　90
拍手喝采する　89
白鳥　111
博物館　91
歯ごたえがある　60
運ぶ　101
はさみ　68
橋　81
始まる　24, 137
始める　24, 137
パジャマ　44

157　索　引

走る　19, 20, 131, 134
バス　82
恥ずかしがる　26
バスケットボール　93
バス停　82
パスポート　85
バスルーム　46
バスローブ　42
パスワード　98
パソコン　97
旗　46
バター　53
バターナイフ　76
働く　68
8　1
8（序数）　2
8月　6
80　2
蜂蜜　55
罰　118
罰金　114
ハッキングする　97
バックミラー　85
発酵　55
発酵させる　54, 129
発行する　61
発酵する　54, 129
発生する　22, 127
発展　113
発展途上国　120
ハト　107
パトカー　85
バドミントン　93
鼻　37
花　107
花が咲く　107, 124
花柄の　42
話す　11, 135
花束　107

鼻血　40
バナナ　53
鼻水　40
花婿　29
花嫁　29
離れている　16
鼻をかむ　40, 134
母　31
幅　42
歯ブラシ　52
浜辺　106
ハム　55
破滅　121
速い　16
早く　15
速く　16
腹　36
バラ　110
（お金を）払い込む　112,
　122
バランス　23
バリケード　114
春　6
バレエ　90
バレーボール　96
バロメーター　112
歯を磨く　52
パン　54
ハンガー　42
ハンカチ　43
判決　118
パンダ　110
反対　22
パンツスーツ　42
パンティーストッキング
　42
（音楽の）バンド　90
半島　105
ハンドブレーキ　84

ハンドボール　94
ハンドル　86
販売員　80
パンフレット　101
半分の　12

ひ

ピアニスト　92
ピアノ　92
PTA　65
ビール　53
東　12
日が照っている　104
引き出し　49
（口座からお金を）引き出
　す　113, 133
ひき肉　55
引き分け　95
引く　21, 139
（辞書を）ひく　67, 133
低い　16
ヒゲ　36
悲劇　93
飛行機　83
ひざ　37
ピザ　58
ひじ　37
美術館　91
（条約を）批准する　117
（男性の）秘書　75
非常口　48
額　38
左に　12
羊　111
必要とする　21, 125
ひどい　14
人見知りの　33
皮膚　37
ヒマワリ　111

索　引　　　　　　158

罷免する　115, 127
100　2
冷やす　56
電　104
秒　8
美容院　87
病院　40
氷河　105
評価する　14, 135
病気の　39
表現する　24, 123
美容師　87
平等　116
ひょっとしたら　17
(宣伝の)ビラ　79
(口座を)開く　113, 133
平鍋　58
ビリヤード　93
昼　7, 8
昼の間ずっと　7
広い　46
びん　77
ピンク色の　13
貧困　119
品質　79
品種改良する　112
ヒンズー教　35
頻繁に　15

ふ

ファン　94
ファンタジー　99
風景　106
ブーツ　44
夫婦　31
プール　95
フェアな　94
フェリー　83
フェンシング　94

フォーク　77
付加価値税　80
孵化する　108, 127
不機嫌な　27
福音書　35
復習する　70, 139
腹痛　40
ふくらはぎ　38
豚　111
舞台　90
舞台監督　92
双子　32
豚肉　59
普通の　16
普通は　16
物価　79, 114
復活祭　63
仏教　34
物理学　68
ぶどう　54
不動産　113
不動産屋　73
太っている　15, 32
船　85
吹雪　104
不法性　116
父母会　65
冬　6
フライドポテト　54
フライパン　58
ブラウス　42
ブラジャー　44
プラットホーム　85
(駅の)プラットホーム番
　号　83
フランス　10
フランス語　10
フランス人(女性)　10
フランス人(男性)　10

フランス(語・人)の
　10
ブランド　79
フリーキック　94
プリンタ　97
古い　32
ブルーベリー　57
振舞う　73
ブレーキ　81
ブレーキをかける　81,
　125
ブレートヒェン(小さい
　丸型のパン)　53
ブレスレット　42
プレゼンテーション　74
プロジェクト　74
プロの　95
プロパガンダ　62
分　8
雰囲気　21, 24
文化　91
憤慨する　26
文学　67
噴火する　119, 123
文化的な　91
噴水　102

へ

〜へ　4
ヘアーエクステンション
　88
兵役　117
平穏な　23
閉館している　91
平均　22
併合する　119
兵士　76
平日　6
平凡な　14

159　索　引

平和　120
ベーキングパウダー　53
ベーコン　59
(本の)ページ　100
ベスト　42
へそ　37
ペットの犬　31
ペディキュア　89
ヘビ　110
部屋　50
ベルギー　9
ベルギー人(女性)　9
ベルギー人(男性)　9
ベルギー(人)の　9
ベルト　42
ヘルメット　43
ベレー帽　42
便　41
勉強する　68
ペンギン　110
弁護士　74
編集者　61
編集する　61, 127
ペンション　102
返品する　80, 139
便利な　85

ほ

保育園　65
ポイントカード　78
防衛　118
貿易　73
方角　13
法学　66
ほうきで掃く　51
方向　13
膀胱　36
帽子　43, 44
報じる　61

放送する　62, 135
包装する　80, 138
方法　21
亡命者　119
亡命する　120
訪問する　101, 124
(個別の)法律　116
ボウリング　93
ほうれん草　58
頬　36
ボーイフレンド　30
ボート　93
頬紅　89
ボールペン　64
朗らかな　33
(新教の)牧師　35
ボクシング　93
北西　12
北東　12
補欠選手　94
保険　114
歩行者　83
星　106
干草　108
ポジション　74
保守的な　116
(部・課・局の)ボス
　71
ポスター　48
保存食品　56
保存する　98
ボタン　43
補聴器　43
北極　106
ホッチキス　64
(戦争が)勃発する　119,
　123
ポップミュージック　92
ホテル　102

ホテルフロント　102
骨　38
ポマード　89
褒める　67, 132
ポルトガル　11
ポルトガル語　11
ポルトガル人(女性)
　11
ポルトガル人(男性)
　11
ポルトガル(語・人)の
　11
惚れ込んだ　27
本　99
本社　73
本棚　46
本店　73
ポンド　12
翻訳　73
翻訳家　73
翻訳する　19, 39, 130

ま

マーガリン　57
毎朝　8
毎週火曜日に　7
毎週金曜日に　7
毎週月曜日に　7
毎週水曜日に　7
毎週土曜日に　7
毎週日曜日に　7
毎週の　7
毎週木曜日に　7
毎日の　7
マウス　98
曲がる　84, 133
マカロニ　57
巻き毛　88
巻き毛の　88

索　引　　160

負ける　21, 96, 137
孫　29
真面目な　32
魔女　35
まずい　59
貧しい　32
マスターする　67
マスタード　57
まずまず　15
マスメディア　61
混ぜる　57
まだ　16
また明日　28
また後で　28
マタニティウェア　42
街　106
待合室　85
まつ毛　38
まっすぐに　13
全く　15
祭　62
〜まで　4
窓　46
学ぶ　66
間に合う　19, 131
マニキュア　88
マニキュア落とし　87
マニキュアを塗る　88
マフィア　121
マフラー　44
魔法の　16
眉　36
マヨネーズ　57
マラソン　95
まれな　16
マンガ　100
マンゴー　57
満腹の　58

み

見える　18, 129
磨く　52, 139
(爪を)磨く　87
ミキサー　57
右に　13
見切り品　79
ミサ　35
短い　15
惨めな　121
水　60
湖　106
水玉模様の　42
みずみずしい　58
(植物に)水をやる　110,
　133
店　79
道　87
見つける　14, 128
ミツバチ　107
見積もる　14, 135
緑色の　13
港　83
南　13
身につける　42, 101,
　126
ミネラルウォーター　57
実った　112
未払金　114
耳　37
ミミズ　110
脈　38
土産　103
ミュージカル　92
見る　18, 19, 129

む

無教養の　67

(皮の)剥く　59
婿　29
無罪判決を下す　115,
　128
蒸し暑い　104
無慈悲の　120
虫干しする　51
無職　71
無銭飲食　77
蒸す　54
難しい　14
息子　30
息子の妻　31
結ぶ　21, 137
娘　29
娘の夫　29
夢中になった　27
無賃乗車をする　86,
　135
胸　36
無農薬野菜　78
村　105
紫色の　13
群れ　111

め

目　36
芽　109
めい　31
名刺　76
メーデー　62
メートル　12
メガネ　42
召し上がれ　28
目玉焼き　59
めったにない　16
メニュー　77
メモ　67
メロン　57

索 引

綿 43
免税の 103
(就職のための)面接 73
綿棒 89

申し込む 103, 137
モーゼル川 106
モータースポーツ 95
目的 27, 87
目的地 87
木版画 91
木曜日 7
もしくは 3
もし〜ならば 3
持ち帰る 20, 132
持ちこたえる 18, 129
持って行く 20, 132
(〜を…へ)持っていく 17, 125
持っている 23, 130
持ってくる 17, 20, 125, 132
戻ってくる 103, 139
元の場所に戻す 80, 139
戻る 103, 139
物語 100
〜もまた 16
桃 58
森 105

やあ 28
やかん 49
ヤギ 108
焼き釜 53
野球 93

(パンなどを)焼く 53, 123
薬物 38
野菜 55
養う 30
安い 78
やせた 15, 32
家賃 48
薬局 38
屋根 46
破る 17, 125
山 105
やり方 21
やわらかい 16
(肉などが)柔らかい 60
やわらかい風 104

ゆ

夕方 8
勇気 32
友好 32
友情 32
夕食 57
友人 30
ユースホステル 102
郵便局員 74
裕福な 34
有名な 90
遊覧 103
ユーロ 12
床 46
愉快な 33
雪 104
雪が降る 104
輸出 72
ユダヤ教 35
ユダヤ人 35
ゆっくりとした 84

ユニフォーム 96
輸入 73
指 36
指輪 44
夢 32
ユリ 109

よ

良い 14
良いご旅行を 28
ようこそ 28
養子 29
養子縁組 29
養子にする 29
養殖する 112
(時間を)要する 22
幼稚園 69
幼稚な 33
洋服ダンス 47
養父母 29
ヨーグルト 55
ヨーロッパ 9
ヨーロッパ人(女性) 9
ヨーロッパ人(男性) 9
ヨーロッパ(人)の 9
抑圧する 120, 126
浴室 46
横たわる 47, 132
(国・自治体の)予算 115
予習する 69, 138
予選 96
予測しない 27
よだれかけ 44
与党 118
予防接種をする 39
読み通す 99, 126
読む 20, 132
嫁 31

索　引　　　　　　　　　162

予約　77
予約する　77
夜　8
弱い　34
4　1
4(序数)　2
40　1
40(序数)　3

ら

ライオン　109
ライン河　106
ラグビー　95
ラジオ　62
拉致する　120, 126
ラベル　79
ランプ　48

り

リーグ　94
利益　73
理解　24
理解する　27, 138
陸軍　114
陸上競技　94
利子　114
リセ(中等教育学校)　67
リットル　12
リビングルーム　49
理由　66
龍　108
流行　44
流行の　43
流行病　38
留年する　69
リュックサック　102
両替えする　103
漁師　72

両親　29
料理　58
料理する　56
(男性)料理人　77
旅行ガイドブック　102
旅行する　102, 134
旅行代理店　102
離陸する　83, 128
履歴書　71
理論　26
りんご　53

る

ルクセンブルク(国・市)　10
ルクセンブルク語　10
ルクセンブルク人(女性)　10
ルクセンブルク人(男性)　10
ルクセンブルク(語・人)の　10

れ

例　64
例外　64
冷蔵庫　46
レインコート　44
歴史　66
レジ　79
レシート　79
レストラン　77
レタス　55
列車　87
レディースシャツ　45
レポート　68
レモネード　57
レモン　60
恋愛小説　100

レンガ　50
レンジ　56
連立政府　118

ろ

廊下　46
老人ホーム　70
労働許可　70
労働組合　73
労働契約　70
労働時間　70
労働者　70, 75
労働条件　70
朗読する　70, 138
6　1
6(序数)　2
6月　6
60　1
路線　84
路側帯　86
ロッカー　48
ロックミュージック　92
肋骨　38
695　2
路面電車　86
論文　65

わ

ワールドカップ　63
ワイン　60
若い　33
ワシ　107
わずかな　16
忘れる　26, 137
ワニ　109
笑う　25
割引　79, 85
割る　17, 125
悪い　14, 59

ワンピース　43

を

〜を通って　4

〜を…と思う　14, 128

目録進呈　落丁本・乱丁本はお取替えいたします。

平成30年（2018年）5月30日　© 第1版発行

ルクセンブルク語分類単語集	著　者　田原憲和
	発行者　佐藤政人
	発　行　所
	株式会社　大学書林
	東京都文京区小石川4丁目7番4号
	振替口座　00120-8-43740
	電　話　(03)3812-6281～3番
	郵便番号　112-0002

ISBN 978-4-475-01163-1　　　研究社印刷・常川製本

大学書材

語学参考書

著者	書名	判型	頁数
田原憲和 著	ルクセンブルク語入門	A5判	152頁
下宮忠雄 編著	世界の言語と国のハンドブック	新書判	280頁
下宮忠雄 編	ゲルマン語読本	B6判	168頁
下宮忠雄・金子貞雄 著	古アイスランド語入門	B6判	176頁
浜崎長寿 著	ゲルマン語の話	B6判	240頁
千種眞一 著	ゴート語の聖書	A5判	228頁
森田貞雄・他 著	古英語文法	A5判	260頁
下瀬三千郎・他 著	古英語入門	A5判	214頁
小島謙一 著	アングロサクソン聖者伝	A5判	190頁
児玉仁士 著	フリジア語文法	A5判	306頁
清水誠 著	現代オランダ語入門	A5判	336頁
河崎靖 著	オランダ語学への誘い	A5判	128頁
上田和夫 著	イディッシュ語文法入門	A5判	272頁
間瀬英夫・他 著	現代デンマーク語入門	A5判	264頁
山下泰文 著	スウェーデン語文法	A5判	360頁
森信嘉 著	ノルウェー語文法入門	B6判	212頁
森田貞雄 著	アイスランド語文法	A5判	304頁
河崎靖・フレデリック 著	低地諸国（オランダ・ベルギー）の言語事情	A5判	152頁

― 目録進呈 ―